චතුරාර්ය සත්‍යාවබෝධයට ධර්ම දේශනා....

රහතුන්ගේ
ධර්ම සාකච්ඡා

පූජ්‍ය කිරිබත්ගොඩ ඤාණානන්ද ස්වාමීන් වහන්සේ

චතුරාර්ය සත්‍යාවබෝධයට ධර්ම දේශනා....

රහතුන්ගේ ධර්ම සාකච්ජා

පූජ්‍ය කිරිබත්ගොඩ ඤාණානන්ද ස්වාමීන් වහන්සේ

© සියලුම හිමිකම් ඇවිරිණි.

ISBN : 978-955-0614-67-7

ප්‍රථම මුද්‍රණය : ශ්‍රී බු.ව. 2555 ක් වූ උඳුවප් මස පුන් පොහෝ දින
දෙවන මුද්‍රණය : ශ්‍රී බු.ව. 2556 ක් වූ බක් මස පුන් පොහෝ දින

- සම්පාදනය -

මහමෙව්නාව භාවනා අසපුව
වඩුවාව, යටිගල්ඔළුව, පොල්ගහවෙල.
දුර : 037 2244602
info@mahamevnawa.lk | www.mahamevnawa.lk

- පරිගණක අකුරු සැකසුම, පිටකවර නිර්මාණය සහ ප්‍රකාශනය -

මහාමේඝ ප්‍රකාශකයෝ
වඩුවාව, යටිගල්ඔළුව, පොල්ගහවෙල.
දුර : 037 2053300, 0773216685
mahameghapublishers@gmail.com | www.mahameghapublishers.com

- මුද්‍රණය -

ලීඩ්ස් ග්‍රැෆික්ස් (පුද්.) සමාගම,
අංක 356 E, පන්නිපිටිය පාර, තලවතුගොඩ.

චතුරාර්ය සත්‍යාවබෝධයට ධර්ම දේශනා....

රහතුන්ගේ
ධර්ම සාකච්ඡා

පූජ්‍ය කිරිබත්ගොඩ ඤාණානන්ද ස්වාමීන් වහන්සේ
විසින් පවත්වන ලද සදහම් වැඩසටහන් වලදී දේශනා කරන ලද
සූත්‍ර දේශනා ඇසුරෙනි.

මහාමේඝ
MAHAMEGHA

ප්‍රකාශනයකි

පෙළගැස්ම....

"දසබලසේලප්පභවා නිබ්බානමහාසමුද්දපරියන්තා
අට්ඨංග මග්ගසලිලා ජිනවචනනදී චිරං වහතූති"

දසබලයන් වහන්සේ නමැති ශෛලමය පර්වතයෙන් පැන නැගී
අමා මහා නිවන නම් වූ මහා සාගරය අවසන් කොට ඇති
ආර්ය අෂ්ටාංගික මාර්ගය නම් වූ සිහිල් දිය දහරින් හෙබි
උතුම් ශ්‍රී මුඛ බුද්ධ වචන ගංගාව
(ලෝ සතුන්ගේ සසර දුක නිවාලමින්)
බොහෝ කල් ගලාබස්නා සේක්වා!

(සළායතන සංයුත්තය - උද්දාන ගාථා)

නමෝ තස්ස භගවතෝ අරහතෝ සම්මාසම්බුද්ධස්ස
ඒ භාග්‍යවත් අරහත් සම්මා සම්බුදුරජාණන් වහන්සේට නමස්කාර වේවා!

01.
චූළ වේදල්ල සූත්‍රය

(මජ්ඣිම නිකාය 1 - චූළ යමක වර්ගය)

ශ්‍රද්ධාවන්ත පින්වතුනි,

අද අපි ඉගෙන ගැනීමට බලාපොරොත්තු වන්නේ මජ්ඣිම නිකායට අයිති සූත්‍ර දේශනාවක්. මේ සූත්‍ර දේශනයේ නම 'චූළ වේදල්ල සූත්‍රය'. අපි නවාංග ශාස්තෘ ශාසනය ගැන අහලා තියෙනවා. බුදුරජාණන් වහන්සේ ජීවමානව වැඩසිටින කාලයේ උන්වහන්සේ වදාළ ධර්මය කොටස් නවයකට බෙදලා තිබුණා. ඒ ආකාරයට ධර්මය කොටස් නවයකට බෙදලා තමයි ශ්‍රාවක පිරිස ඉගෙන ගත්තේ. උන්වහන්සේ පිරිනිවන්පෑමෙන් පස්සේ තමයි දැන් තියෙන ක්‍රමයට ධර්මය සංග්‍රහ වුණේ. බුදුරජාණන් වහන්සේ ජීවමාන කාලයේදී ධර්මය, **සුත්ත, ගෙය්‍ය, වෙය්‍යාකරණ, ගාථා, උදාන, ඉතිවුත්තක, ජාතක, අබ්භූතධම්ම, වේදල්ල** කියලා කොටස් නවයකට බෙදලා තිබුණා.

විස්මිත ධර්ම සාකච්ඡාවක්...

මේ සූත්‍ර දේශනාව වේදල්ල කියන කොටසට අයිති දේශනාවක්. වේදල්ල කියන එකේ සාමාන්‍ය තේරුම තමයි 'සාකච්ඡාව' කියන එක. ඒ කියන්නේ ප්‍රශ්නයක් අහනවා ඒකට පිළිතුරක් දෙනවා. ඒ ක්‍රමයට දේශනා කරපු දේශනා රාශියක් තියෙනවා. ඒ දේශනා තමයි වේදල්ල කියලා කියන්නේ. මෙහි තිබෙනවා මහා වේදල්ල, චූළ වේදල්ල කියලා සූත්‍ර දේශනා දෙකක්. මහා වේදල්ල සූත්‍රය ටිකක් දිගයි. චූළ වේදල්ල සූත්‍රය ඊට වඩා කෙටියි. චූළ කියන්නේ පුංචි කියන එක. මේ සාකච්ඡාව සිදුවෙන කාලයේ බුදුරජාණන් වහන්සේ වැඩසිටියේ රජගහ නුවර වේළුවනාරාමයේ.

ඒ කාලයේ ධම්මදින්නා කියලා රහත් භික්ෂුණීන් වහන්සේ නමක් වැඩසිටියා. එතුමිය ගිහි ජීවිතය ගත කරපු කාලයේ සිටි ස්වාමි පුරුෂයාගේ නම විසාඛ. ඔහුත් බුදුරජාණන් වහන්සේගෙන් ධර්මය අහලා මගඵල ලැබූ කෙනෙක්. ඉතින් මේ විසාඛ උපාසකතුමා තමන්ගේ පැරණි බිරිඳ වූ ධම්මදින්නා රහත් මෙහෙණින් වහන්සේව බැහැ දකින්න පැමිණිලා, එතුමියත් එක්ක පවත්වන ලද ධර්ම සාකච්ඡාවක් තමයි මේ සූත්‍රයේ අඩංගු වෙලා තියෙන්නේ.

සාමාන්‍යයෙන් රහතන් වහන්සේලා ධර්ම සාකච්ඡා කරනවා. හැබැයි ඒ සාකච්ඡා අපි සාකච්ඡා කරනවාට වඩා වෙනස්. අපි හැම තිස්සේම නොදන්න මාතෘකාවක් තමයි සාකච්ඡාවට ගන්නේ. නමුත් උන්වහන්සේලා කතා කරන්නේ දන්න මාතෘකාවක්. ඒ අනික් අයගේ ප්‍රයෝජනය පිණිසත්, ඒ වගේම ධර්මය කතාකිරීම තුළ ඇතිවෙන ශාන්තභාවයක් නිසා.

ධර්ම සාකච්ඡාවක අරමුණ...

අපි මේ සූත්‍රය සිහි නුවණින් බැලූ විට මේ ධර්ම සාකච්ඡාව කරලා තියෙන පිළිවෙල අනුව අපට තේරුම් යාවී 'මේ ධර්මය තියෙන්නේ කුමන කාරණයක් පිණිසද' කියලා. අපි ධර්මය සාකච්ඡා කළ යුත්තේ ධර්මය අවබෝධ කරගැනීම පිණිසයි. එහෙම නැතුව වෙන යම් තාවකාලික තෘප්තියක් බලාපොරොත්තුවෙන් නොවෙයි. ධර්මය අවබෝධ කළ කෙනෙක් ධර්මය කතා කරන්නේ ධර්මයෙන් ලැබෙන ශාන්තභාවය පිණිසයි. එහෙම නැතුව සාමාන්‍ය ලෝකයා ගීතයක් අහලා, විහිළු කතාවක් අහලා ඒ විහිළු කතාවට හිනාවෙලා ලබන ආකාරයේ ලාමක රසයක් නොවෙයි උන්වහන්සේලා ධර්ම සාකච්ඡා කිරීම තුළින් බලාපොරොත්තු වෙන්නේ.

ධර්ම සාකච්ඡා කිරීම තුළින් බලාපොරොත්තු විය යුත්තේ ජීවිතය අවබෝධ කරන දෙයක් අහලා ඒ දෙය හිතේ දරාගෙන ඒ දෙය පුරුදු පුහුණු කරලා ඒ ධර්මය අවබෝධ කරගැනීමයි. එහෙම නැති වුණොත් ඒ ධර්ම සාකච්ඡාවත් නිකම්ම නිකම් කතා කරලා අවසන් කරන හිස් වැඩපිළිවෙලක් විතරක් බවට පත්වෙනවා.

ධර්මාවබෝධයට කාරණා දෙකක්...

ධර්මය කතාබස් කිරීම තිබුණොත් තමයි ධර්මය දකින්න පුළුවන් වෙන්නේ. ධර්මය කියන්නේ කතාබස් කරලා තේරුම් ගන්න එකක්. ධර්මය සාකච්ඡා කළොත් තමයි ධර්මය දකින්න පුළුවන් වෙන්නේ. ඒ නිසා බුදුරජාණන් වහන්සේ ධර්මාවබෝධයට අවශ්‍ය කරන මූලික කාරණා හැටියට ධර්මය ඇසීම හා ධර්මය සාකච්ඡා කිරීම නිතර පෙන්වා තියෙනවා.

පෘථග්ජන මානසිකත්වයෙන් මිදෙන්න...

අපිත් මෙපමණ කාලයක් මේ සාංසාර ගමනට වැටුණේ ඒ සද්ධර්මය අපේ ජීවිත වලට සම්බන්ධ කර ගත්තේ නැති නිසයි. සද්ධර්මය අපේ ජීවිත වලට සම්බන්ධ වුණොත්, පළමුවෙන්ම සිදුවෙන දේ තමයි පෘථග්ජන භාවයෙන් මිදෙන එක. ඒ කෙනාට පුළුවනි, මේ බුද්ධ ශාසනය තුළ ඒකාන්තයෙන්ම සසර දුක් කෙළවර කරන්න. ධර්මයේ අරමුණ වන්නෙත් ඒකමයි.

යම්කිසි පුද්ගලයෙකුට පෘථග්ජන මානසිකත්වයෙන් මිදෙන්න පුළුවන් වුණොත් ඒ කෙනා කෙළවරක් නැති සංසාර ගමනින් මිදීමේ පළමුවන පියවරට පැමිණෙනවා. ඒ සඳහා අවශ්‍ය කරන ශක්තිය ලබාදෙන්නේ ධර්මයෙන් පමණයි. වෙන බාහිර කිසි දෙයකින් ඒ ලබාදෙන්න පුළුවන්කමක් නැහැ. ඉතින් අපි බලමු මේ විසාඛ උපාසකතුමාත් ධම්මදින්නා රහත් මෙහෙණින් වහන්සේත් කතාකළ ධර්මය කුමක්ද කියලා.

සක්කාය කියන්නේ කුමක්ද...?

විසාඛ උපාසකතුමා ධම්මදින්නා මෙහෙණින් වහන්සේ මුණගැහෙන්න ගිහිල්ලා වන්දනාමාන කරලා එකත්පසෙක ඉඳගෙන මේ විදිහට ඇසුවා.

"**(සක්කායෝ සක්කායෝති අයෙය් වුච්චති. කතමෝ නු බෝ අයෙය් සක්කායෝ වුත්තෝ භගවතාති)** පින්වත්, ආර්යාවන් වහන්ස, සක්කාය සක්කාය කියලා කියනවා. භාග්‍යවත් බුදුරජාණන් වහන්සේ සක්කාය කියලා කිව්වේ කුමකටද?"

මෙහි සක්කාය කියලා වචනයක් තියෙනවා. අපි දන්නවා සක්කාය කියන වචනය කියැවෙන කොටම

ළඟට එන වචනය මොකක්ද කියලා. ඒ තමයි **'සක්කාය දිට්ඨිය.'** ඒ වචනය නම් අපට අහලා පුරුදු වචනයක්. කෙනෙක් සෝතාපන්න වෙන්නේ සක්කාය දිට්ඨි, විචිකිච්ඡා, සීලබ්බත පරාමාස කියන සංයෝජන තුන ප්‍රහාණය කිරීමෙන්. මෙතැනදී සක්කාය කියලා කියන්නේ මොකක්ද කියලා අපි බලමු. මේ දේශනයේ සක්කාය දිට්ඨිය ගැනත් විස්තර වෙනවා. විසාඛ උපාසකතුමා ඇසුවේ "සක්කාය, සක්කාය කියලා කියන්නේ කුමක්ද?" කියලයි.

සක්කාය කියන්නේ පංච උපාදානස්කන්ධයට...

"පින්වත් විසාඛය, උපාදානස්කන්ධ පහක් තියෙනවා. භාග්‍යවත් බුදුරජාණන් වහන්සේ විසින් සක්කාය කියන නමින් හැඳින්වූයේ මේ පංච උපාදානස්කන්ධයයි. ඒ තමයි රූප උපාදානස්කන්ධය, වේදනා උපාදානස්කන්ධය, සඤ්ඤා උපාදානස්කන්ධය, සංඛාර උපාදානස්කන්ධය, විඤ්ඤාණ උපාදානස්කන්ධය."

බුදුරජාණන් වහන්සේ විසින් පංච උපාදානස්කන්ධයට සක්කාය කියලා පෙන්වා දී තිබෙන බව ධම්මදින්නා මෙහෙණිය පවසනවා. ඔබට මතක ඇති බුදුරජාණන් වහන්සේ වදාළ පළමු ධර්ම දේශනාවේ දුක ගැන විස්තර කරන තැන "කොටින්ම කිව්වොත් පංච උපාදානස්කන්ධයම දුකයි (**සංඛිත්තේන පංචුපාදානක්ඛන්ධා දුක්ඛා**)" කියලා වදාළා.

සාමාන්‍ය ව්‍යවහාරයට වඩා වෙනස් දෙයක්...

සාමාන්‍යයෙන් මිනිසුන් අතර පංච උපාදානස්කන්ධය තේරුම් ගැනීමට තියෙන අවකාශ අඩු නිසා මේ ශරීරය ගැන කතාකරන කොට 'පංචස්කන්ධය' කියලා කතාබස්

කරන සිරිතක් තියෙනවා. ඔවුන් මේ ශරීරයට පංචස්කන්ධය කියලා කියනවා. නමුත් මේ කවුරුත් පංචස්කන්ධය කියලා කතා කරන්නේ තේරුමක් ඇතුව නොවෙයි. සාමාන්‍යයෙන් කටට ආපු පළියට කතා කරනවා. නමුත් බුදුරජාණන් වහන්සේ මෙතැන පංච උපාදානස්කන්ධය කියලා විස්තර කළේ ඊට වඩා බොහෝම ගැඹුරු ධර්මයක්.

අපි දන්නවා පංච උපාදානස්කන්ධය කියන්නේ රූප, වේදනා, සඤ්ඤා, සංඛාර, විඤ්ඤාණ කියන පහයි. මෙහිදී අපි මතක තබාගත යුතු විශේෂ කාරණයක් තියෙනවා. ඒ තමයි අපි මේ උපාදානස්කන්ධයන් වෙන්කරලා කතා කරන්නේ තේරුම් ගැනීමට පහසුවීම පිණිසයි. නමුත් මේ පහ වෙන්කරන්න බැහැ. මේ පහ තියෙන්නේ එකට.

මනුෂ්‍ය ලෝකයේ සිටින මිනිස්සු මේ පංච උපාදානස්කන්ධයෙන් මිදිලා නැහැ. දෙව්ලොව දෙවියන් මිදිලත් නැහැ. බ්‍රහ්ම ලෝකයේ බ්‍රහ්මයන් මිදිලත් නැහැ. කොටින්ම කියනවා නම් කාම, රූප, අරූප, කියන මේ හැම භවයකම පැවැත්ම සකස් වෙලා තියෙන්නේ මේ පංච උපාදානස්කන්ධය තුළයි. ඒ නිසා පංච උපාදානස්කන්ධය කියන්නේ මොකක්ද කියලා අවබෝධ කිරීමෙන් තමයි දුක මොකක්ද කියලා අවබෝධ කරගන්න පුළුවන් වෙන්නේ.

පංච උපාදානස්කන්ධය ගැන කතාකිරීමේදී පළමුවෙන්ම රූප උපාදානස්කන්ධය කියලා කියනවා. සතර මහා ධාතුත් සතර මහා ධාතූන්ගෙන් හටගත් දේවල් වලටත් තමයි රූප කියලා කියන්නේ. සතර මහා ධාතු කියන්නේ පඨවි, ආපෝ, තේජෝ, වායෝ කියන ධාතු හතරයි. සතර මහා ධාතූන්ගෙන් නිදහස් වෙච්ච තැනක් හැටියට පවතින කිසිම තැනක් මේ ලෝක ධාතුවේ නැහැ. අරූප ලෝකයේත් සතර මහා ධාතු තියෙනවා, රූප

ලෝකයේත් සතර මහා ධාතු තියෙනවා. කාම ලෝකයේත් සතර මහා ධාතු තියෙනවා. බ්‍රහ්ම ලෝකයේත් සතර මහා ධාතු තියෙනවා. දිව්‍ය ලෝකයේත් තියෙනවා, තිරිසන් ලෝකයේත් තියෙනවා. ප්‍රේත ලෝකයේත් තියෙනවා. සෑම තැනම සතර මහා ධාතු තියෙනවා.

තනිව හැසිරෙන හිතක් නෑ...

කෙනෙක්ගේ මරණින් පස්සේ හිත කියලා විශේෂ දෙයක් පිටවෙලා යන්නේ නැහැ. අපි සාමාන්‍ය ව්‍යවහාරයේ කතා කරනවා 'හිත යනවා' කියලා. සාමාන්‍යයෙන් එහෙම කතා කරන්න පුළුවන්. නමුත් සත්‍යයක් හැටියට කතා කිරීමේදී පංච උපාදානස්කන්ධයක පැවැත්මක් ගැනයි කතා කරන්න තියෙන්නේ. ඒ මොකද බුදුරජාණන් වහන්සේ පෙන්වා තියෙනවා "රූපයෙන් තොරව, වේදනාවෙන් තොරව, සඤ්ඤාවෙන් තොරව, සංඛාර වලින් තොරව විඤ්ඤාණයක පැමිණීමක්, පිටවීමක්, වැඩීමක්, දියුණුවීමක් යන කිසිවක් සිදුවෙන්නේ නෑ" කියලා.

"**(යො භික්ඛවේ, ඒවං වදෙය්‍ය, අහමඤ්ඤත්‍ර රූපා අඤ්ඤත්‍ර වේදනාය අඤ්ඤත්‍ර සඤ්ඤාය අඤ්ඤත්‍ර සංඛාරේහි විඤ්ඤාණස්ස ආගතිං වා ගතිං වා චුතිං වා උප්පත්තිං වා වුද්ධිං වා විරූළ්හිං වා වේපුල්ලං වා පඤ්ඤාපෙස්සාමීති නේතං ඨානං විජ්ජති.)** පින්වත් මහණෙනි, යම් කෙනෙක් මේ විදිහට කියන්න පුළුවනි. 'මම රූපයෙන් තොරව වේදනාවෙන් තොරව සඤ්ඤාවෙන් තොරව සංස්කාර වලින් තොරව විඤ්ඤාණයේ පැමිණීමක් හරි, යෑමක් හරි, චුතවීමක් හරි, ඉපදීමක් හරි, වර්ධනයක් හරි, දළුලා වැඩීමක් හරි, විපුල බවට පත්වීමක් හරි පණවන්නෙමි' යි කියලා. නමුත් ඒක සිදුවෙන දෙයක් නම් නොවෙයි."

කාලය හා අවකාශය අතර පැවැත්ම...

ඒ අනුව අපට පෙනී යනවා හැම තිස්සේම තියෙන්නේ උපාදානස්කන්ධ පහක පැවැත්මක් කියලා. ඉතින් පංච උපාදානස්කන්ධයට සක්කාය කියන වචනය පාවිච්චි කළේ මේ පහම එකට එකතු වෙලා තියෙන නිසයි. සක්කාය කියන වචනයේ තේරුම එකට එකතු වී පැවතීම කියන එකයි. එකට එකතු වී පවතින දේ ආත්ම වශයෙන් ගැනීමෙන් එය දෘෂ්ටියක් බවට පත්වෙනවා. සක්කාය දිට්ඨියක් බවට පත්වෙන්නේ එකට එකතු වී පවතින දෙය ආත්මය වශයෙන් ගැනීම නිසයි. එනම් පංච උපාදානස්කන්ධය පිළිබඳ අවබෝධයක් නැති නිසා තමයි සක්කාය දිට්ඨිය තියෙන්නේ. යම් දිනෙක පංචුපාදානස්කන්ධය පිළිබඳ අවබෝධයක් ඇතිවීමෙන් සක්කාය දිට්ඨිය නැතුව යනවා.

පංච උපාදානස්කන්ධයට රූප, වේදනා, සඤ්ඤා, සංඛාර, විඤ්ඤාණ කියලා පහක් අයිති වෙනවනේ. පංච උපාදානස්කන්ධය කියන්නේ (පංච / උපාදාන / ස්කන්ධ යන) වචන තුනක එකතුවකින් හැදුණු වචනයක්. පංච කියන්නේ පහයි. උපාදාන කියන එකේ තේරුම තමයි 'බැඳීයෑම' කියන එක. ස්කන්ධ කියලා කියන්නේ 'කාලය සහ අවකාශය තුළ තියෙන පැවැත්ම' කියන අර්ථයටයි. කාලයයි අවකාශයයි තුළ තමයි මේ දුක හදන ක්‍රියාවලිය තියෙන්නේ.

අපි හැමෝම කාලයට යටත්...

කාලයට මුහුණ දුන්නේ නැත්නම් අපි වයසට යන්නේ නැහැ. කාලයට මුහුණ දුන්නේ නැත්නම් අපි මැරෙන්නේ නෑ. මේ ලෝකයේ කාලයට මුහුණදීමක්

නැත්නම් ආයුෂ කියලා එකක් නැහැ. අපි කියනවා 'බ්‍රහ්ම ලෝකයේ ආයුෂ කල්ප මෙච්චරයි' කියලා. එතකොට කල්පය කියන එක මනින්නේ කාලයෙන්. ඒ කියන්නේ කාලය ගෙවීයන දෙයක්. කාලය අවසන් වී යන දෙයක්. නිමා වී යන දෙයක්. අපි කියමු 'බ්‍රහ්මයෙකුට කල්පයක් ආයුෂ තියෙනවා' කියලා. එතකොට එයා ජීවත්වෙන ජීවිතය තුළ මුහුණ දීලා තියෙන්නේ කාලයට. එතකොට කල්පය අවසන් වෙනවාත් එක්කම ඒ ජීවිතයෙන් එයා චුත වෙනවා. අපි අපේ ජීවිත දෙස බලමු. අපිත් මුහුණ දීලා තියෙන්නේ කාලයට. කාලය විසින් අපව වැඩිමහළු කළා. කාලය විසින් අපව වයසට ගෙනියනවා. කාලය විසින් අපට මරණය ලබාදෙනවා. ඉතින් අපට ආයෙ ආයෙමත් සකස් වෙන්නේ කාලයට මුහුණදෙන පැවැත්මක්මයි.

එතකොට කාලය කියලා දෙයක් තියෙනවා. කාලය තුළ තියෙන පැවැත්මට තමයි අවකාශය කියලා කියන්නේ. කාලයක් තුළ පැවැත්ම තියෙන්නේ 'තමා, අනුන්, දුර, ළඟ, හීන, ප්‍රණීත, ගොරෝසු, සියුම්' ආදී වශයෙනුයි. මේ සෑම දෙයක්ම තියෙන්නේ කාලයට අයිති වෙලයි. එතකොට කාලයත්, අවකාශයත් අතර පැවැත්මට තමයි ස්කන්ධ කියලා කියන්නේ.

මේ විදිහට කාලයත්, අවකාශයත් අතර තමයි සතර මහා ධාතුන්ගෙන් හටගත් රූපය පවතින්නේ. ඒ නිසා රූපස්කන්ධය කියලා කියනවා. කාලයටත්, අවකාශයටත් යටත්ව තමයි විඳීම පවතින්නේ. ඒ නිසා වේදනා ස්කන්ධය කියලා කියනවා. කාලයටත්, අවකාශයටත් යටත්ව තමයි හඳුනාගැනීම පවතින්නේ. ඒකට කියනවා සඤ්ඤා ස්කන්ධය කියලා. කාලයටත්, අවකාශයටත් යටත්ව තමයි චේතනාව (ඒ කියන්නේ කර්ම රැස්වීම) පවතින්නේ.

ඒකට කියනවා සංඛාර ස්කන්ධය කියලා. කාලයටත්, අවකාශයටත් යටත්ව තමයි විශේෂයෙන් දැනගැනීම තියෙන්නේ. ඒ නිසා තමයි විඤ්ඤාණ ස්කන්ධය කියලා කියන්නේ.

ස්කන්ධය හා උපාදානස්කන්ධය අතර වෙනස...

එහෙම නම් යම්කිසි කෙනෙක් කාලයකට මුහුණ දීලා තියෙනවා නම් එකේ තේරුම තමයි 'වෙනස්වීමකට ලක්වෙනවා' කියන එක. උන්වහන්සේ බොහෝම ලස්සනට ස්කන්ධ කියන වචනය හා උපාදානස්කන්ධය කියන වචනය වෙන වෙනම භාවිතා කළා.

"**(යං කිඤ්චි භික්ඛවේ, රූපං අතීතානාගත පච්චුප්පන්නං අජ්ඣත්තං වා බහිද්ධා වා, ඕලාරිකං වා සුඛුමං වා, හීනං වා පනීතං වා, යං දූරේ සන්තිකේ වා, සාසවං උපාදානීයං, අයං වුච්චති රූපූපාදානක්ඛන්ධෝ)** පින්වත් මහණෙනි, අතීතයට ගිය හෝ හට නොගත් අනාගතයට අයත් වූ හෝ වර්තමානයේ හෝ ආධ්‍යාත්මික හෝ බාහිර හෝ ගොරෝසු හෝ සියුම් හෝ හීන හෝ උසස් හෝ යම්කිසි රූපයක් ඇද්ද, දුර හෝ ළඟ හෝ යම් රූපයක් ඇද්ද, එය ආශ්‍රව සහිතව බැඳීම් ඇතිකරන ස්වභාවයෙන් යුතුව තිබේ නම් රූප උපාදානස්කන්ධය යනු එයයි."

ඒ කියන්නේ රූප ස්කන්ධය කෙරෙහි ඇති ඡන්දරාගය නිසා එය ආශ්‍රව සහිතව බැඳීම් ඇතිකරන ස්වභාවයෙන් යුතුව තිබේ නම් **(සාසවං උපාදානීයං)** එය තමයි රූප උපාදානස්කන්ධය කියලා කියන්නේ. ඒ වගේම වේදනා, සඤ්ඤා, සංඛාර, විඤ්ඤාණ කියන

ස්කන්ධයන් කෙරෙහි ඇති ඡන්දරාගය නිසා තමයි රූප උපාදානස්කන්ධය, වේදනා උපාදානස්කන්ධය, සඤ්ඤා උපාදානස්කන්ධය, සංඛාර උපාදානස්කන්ධය, විඤ්ඤාණ උපාදානස්කන්ධය කියලා කියන්නේ.

මේ සියල්ල හේතූන් නිසා සකස් වූ දේවල්...

රූප කියලා කියන්නේ සතර මහා ධාතූන්නේ හටගත්තු දෙයටයි. වේදනා කියලා කිව්වේ ස්පර්ශය නිසා හටගත් විඳීමයි. සඤ්ඤාව කිව්වේ ස්පර්ශය නිසා හටගත් හඳුනාගැනීම. සංඛාර කියලා කිව්වේ ස්පර්ශය නිසා හටගත්තු චේතනා පහළවීම. විඤ්ඤාණ කිව්වේ නාමරූප නිසා හටගත්තු සිත.

රූප කිව්වේ සතර මහා භූතයන්නේ හටගත්තු දෙයට. එහෙම නම් රූප කියන්නේ යම්කිසි දෙයක් නිසා හටගත්තු එකක් මිසක් අද්භූතව පහළ වුණු දෙයක් නොවෙයි. හේතුවක් නිසා හටගත්තු දෙයක්. වේදනාව කියන්නෙත් හේතුවක් නිසා හටගත්තු දෙයක්. ස්පර්ශය නම් වූ හේතුව නිසා වේදනාව නම් වූ ඵලය ඇතිවෙනවා. සඤ්ඤාව එහෙමත් නැත්නම් හඳුනාගැනීම කියන්නෙත් හේතුවක් නිසා හටගත් දෙයක්. ස්පර්ශය නම් වූ හේතුව නිසා හඳුනාගැනීම නම් වූ ඵලය ඇතිවෙනවා. චේතනාව කිව්වෙත් හේතුවක් නිසා හටගත්තු එකක්. ඒ කියන්නේ ස්පර්ශය නම් වූ හේතුවෙන් චේතනාව නම් වූ ඵලය ඇතිවෙනවා. සිතත් හටගත්තු දෙයක්. නාමරූප නම් වූ හේතුව නිසා සිත නම් වූ ඵලය ඇතිවෙනවා.

මේ විදිහට කතා කළාට මෙය අවබෝධ කරගත යුතු දෙයක්. ප්‍රත්‍යක්ෂ වශයෙන් තමා තුළින් තේරුම් ගතයුතු දෙයක්. එතකොට තමයි නිරාකූල වෙන්නේ.

මෙය හරියාකාරව තේරුම් ගත්තේ නැත්නම් අවුලකට පත්වෙනවා. පංච උපාදානස්කන්ධය දුකක්. මේ දේශනයේදී රූප, වේදනා, සඤ්ඤා, සංඛාර, විඤ්ඤාණ කියන පංච උපාදානස්කන්ධයට සක්කාය කියලා තනි වචනයක් පාවිච්චි කළා. එහෙනම් සක්කාය දුකක්.

ධර්මය අධර්මය තෝරාගැනීමට දක්ෂ වෙන්න...

අද මේ රටේ බොහෝ තැන්වල ධර්මය හැටියට බහුලව පාවිච්චි කරන්නේ ධර්මය නොවෙයි. කණපිට හරවාගත්තු දෙයක්. සමහර භාවනා ක්‍රමවල උගන්වනවා 'හිත නිරුද්ධ කරන්න' කියලා. සමහරු 'නාමරූප නිරෝධය' කියලා දෙයක් උගන්වනවා. සමහරු 'කයයි සිතයි නොදැනී ගියාම දුක නැතිවෙනවා' කියලා කියනවා. බුදුරජාණන් වහන්සේගේ ධර්මයේ උගන්වන්නේ ඊට හාත්පසින් වෙනස් එකක්. උන්වහන්සේ දේශනා කළේ සිත නිරුද්ධ කරන්න නොවෙයි. දුකට හේතු නිරුද්ධ කරන්න කියලයි. අපි හොඳින් තේරුම් ගන්න ඕනේ 'රූපය දුකක්. වේදනාව දුකක්. සඤ්ඤාව දුකක්. සංඛාර දුකක්. විඤ්ඤාණය දුකක්.' එහෙමනම් දුකට හේතුව විඤ්ඤාණය නොවෙයි. විඤ්ඤාණය තමයි දුක. ඒ කියන්නේ දුක හැදෙන හේතුව නිසා හටගත්තු දුක් වූ ඵලයක් තමයි විඤ්ඤාණය කියලා කියන්නේ. රූප, වේදනා, සඤ්ඤා, සංඛාර, විඤ්ඤාණ කියලා කියන්නේ දුක. දුක නිරුද්ධ කිරීම කියලා කියන්නේ මේ පංච උපාදානස්කන්ධය (දුක) ඇතිවෙන හේතුව නිරුද්ධ කිරීමයි.

දුක ඇතිවෙන හේතුව මොකක්ද...?

මුලින්ම විසාඛ උපාසකතුමා ඇහුවේ 'සක්කාය

කියන්නේ මොකක්ද?' කියලනේ. ඉතින් ධම්මදින්නා මෙහෙණින් වහන්සේ උත්තර දුන්නේ 'සක්කාය කියන්නේ පංච උපාදානස්කන්ධයට' කියලයි. ඊළඟට එතුමා අහනවා "සක්කාය හටගන්නේ කොහොමද?" මේ අහන්නේ පංච උපාදානස්කන්ධය කියන්නේ ඵලය නම් ඒ ඵලය ඇති කරන හේතුව ගැනයි.

"**(සක්කායසමුදයෝ, සක්කායසමුදයෝති අයෙය් වුච්චති. කතමෝ නු ඛෝ අයෙය් සක්කායසමුදයෝ වුත්තෝ භගවතාති)** ආර්යාවෙනි, සක්කාය හටගන්නවා, සක්කාය හටගන්නවා කියලා කියනවා. භාග්‍යවත් බුදුරජාණන් වහන්සේ මේ සක්කාය (දුක) හටගැනීම ගැන කුමක් වදාළ සේක්ද?"

ධම්මදින්නා මෙහෙණින් වහන්සේ පිළිතුරු දෙනවා "**(යායං ආවුසෝ විසාඛ, තණ්හා පෝනෝභවිකා නන්දිරාග සහගතා තත්‍රතත්‍රාභිනන්දිනී. සෙය්‍යථීදං කාමතණ්හා, භවතණ්හා, විභවතණ්හා. අයං ඛෝ ආවුසෝ විසාඛ සක්කාය සමුදයෝ වුත්තෝ භගවතා)** පින්වත් විසාඛය, පුනර්භවක් ඇතිකරන්නා වූ, ආශ්වාදයෙන් ඇලෙන්නා වූ, ඒ ඒ තැන සතුටින් පිළින්නාවූ යම් තණ්හාවක් ඇද්ද (ඒ කියන්නේ කාම තණ්හාව, භව තණ්හාව, විභව තණ්හාව) පින්වත් විසාඛ, මෙය තමයි භාග්‍යවතුන් වහන්සේ විසින් සක්කාය සමුදය කියලා දේශනා කොට වදාළේ."

එතකොට සක්කාය ඇතිවෙන්නේ තණ්හාව නිසයි. මේ තණ්හාවේ පළමුවෙනි ලක්ෂණය තමයි '**පෝනෝභවිකා.**' ඒ කියන්නේ පුනර්භවයක් ඇතිකරලා දෙනවා. නැවත භවයක් හදලා දෙනවා. භව තුනක් තියෙනවා. ඒ තමයි කාම භවය, රූප භවය, අරූප භවය. තණ්හාව විසින් තමයි මේ සියලුම භවයන් හදලා දෙන්නේ.

එතකොට භවයක් තියෙනවා නම් ඊළඟට උපතක් තියෙනවා **(භව පච්චයා ජාති)**. හේතුව තියෙනවා නම් ඵලය හටගන්න එක වළක්වන්න බැහැ.

තණ්හාවේ සැබෑ තතු...

තණ්හාවේ ලක්ෂණය තමයි භවයක් සකස් කරලා දෙන එක. ඊළඟ ලක්ෂණය තමයි '**නන්දිරාගසහගතා**' ආශ්වාදයෙන් ඇලෙනවා. ඊළඟට '**තත්‍රතත්‍රාභිනන්දිනි.**' ඒ ඒ දෙය සතුටින් පිළිගන්නවා. අපි තණ්හවේ තිබෙන ලක්ෂණ තුනක් කතාකළා.

- යළි භවයක් සකස් කරලා දෙනවා.
- ආශ්වාදයෙන් ඇලෙනවා.
- ඒ ඒ දෙය සතුටින් පිළිගන්නවා.

ධම්මදින්නා මෙහෙණින් වහන්සේ "බුදුරජාණන් වහන්සේ ඔය ආකාරයට වදාළා" කියලා පෙන්වා දුන්නා. මේ තණ්හාවේ ආකාර තුනක් තියෙනවා.

- **කාම තණ්හාව** - කාමයන් කෙරෙහි තියෙන තණ්හාව
- **භව තණ්හාව** - භවය කෙරෙහි තියෙන තණ්හාව
- **විභව තණ්හාව** - විභවය කෙරෙහි තියෙන තණ්හාව

කාම තණ්හාව කියන්නේ රූප, ශබ්ද, ගන්ධ, රස, පහස කියන මේ පංච කාමයන් කෙරෙහි ඇති තණ්හාව. භව තණ්හාව කියන්නේ මේ භව පැවැත්ම කෙරෙහි ඇති තණ්හාව. අපි තණ්හාව ගැන මේ විදිහට වෙන් වෙන් වශයෙන් කතා කළාට මේ ඔක්කොම පවතින්නේ එකට.

කාම තණ්හාව ප්‍රහාණය කළොත් අනාගාමී...

කෙනෙක් යම් ප්‍රමාණයකට කාම තණ්හාව ප්‍රහාණය කරන්න පුළුවන්. රූප තණ්හා, ශබ්ද තණ්හා, ගන්ධ

තණ්හා, රස තණ්හා, ස්පර්ශ තණ්හා ප්‍රහාණය කළොත් එයාට කාම තණ්හාව ප්‍රහාණය වෙනවා. කාම තණ්හාව ප්‍රහාණය වුණහම කාම භවයක් ඇති කරදෙන හේතුව එයාට නැහැ. කාම භවයක් ඇති කරදෙන හේතු නැත්නම් කාම භවයක් සකස් වෙන්නේ නැහැ. කාම භවයක් සකස් වෙන්නේ නැත්නම් කාම ලෝකයේ උපදින්නේ නැහැ. මේ ආකාරයට කාම තණ්හාව ප්‍රහාණය කළ කෙනාට 'අනාගාමී' කියලා කියනවා.

අනාගාමී කෙනෙක් කාම ලෝකයේ උපදින්නේ නැහැ. උපදින්නේ නැත්තේ අනාගාමී කෙනාට කාම තණ්හාව ප්‍රහාණය වීම නිසා කාම භවයක් සකස් වෙන්නේ නැති නිසයි. කාම භවයක් සකස් වෙන්නේ නැත්නම් කාම ලෝකයේ උපතක් සඳහා පැවැත්මක් නැහැ. නමුත් එයාට භව තණ්හාව තියෙනවා. විභව තණ්හාවත් තියෙනවා. කාම ලෝකයේ උපතක් පිණිස සකස්වෙන කාම භවය විතරක් නැහැ. එහෙම නම් ඒ කෙනාට තියෙන්නේ රූප භවය හා අරූප භවය කියන අනෙක් භවයන් දෙක.

එතකොට අනාගාමී කෙනෙක් කාම ලෝකයෙන් චුතවෙන කොට එයා රූප ලෝකයේ උපදිනවා. එහෙම උපදින්නේ රූප ලෝකයේ උපදින්න අවශ්‍ය කරන හේතු එයා ගාව තියෙන නිසයි. ඒ හේතු තිබුණේ නැත්නම් උපතක් සකස් වෙන්නේ නැහැ. ඒ ආකාරයට නිතරම භවයක් හදලා දෙන එක තමයි තණ්හාවේ ස්වභාවය.

සමහරු කියනවා "මට නම් මේවා පිළිබඳ කිසි ආශාවක් නැහැ. මට නම් ඔය දරුවෝ, ඉඩකඩම්, දේපල කිසිදෙයක් ඕන නැහැ" කියලා. නමුත් තණ්හාවේ ස්වභාවය තමයි තණ්හාව ක්‍රියාත්මක වෙන්නේ ආශ්‍රව තුළ.

චූටි දරුවන්ට ආශ්‍රව නැද්ද...?

ආශ්‍රව කියලා කියන්නේ පොළොවේ තියෙන පොහොර වගේ දෙයක්. පොළොවේ පොහොර තිබෙන විට බීජයක් පොළොවට දාලා, ඒකට වතුර දැම්ම ගමන්ම බීජය පැළවෙනවා. පොහොර තියෙන්නේ පස පුරාම පැතිරිලා. ඒ වගේ තමයි අපේ පැවැත්ම තුළ ආශ්‍රව පැතිරිලා තියෙන්නේත්. චූටි දරුවෝ දැක්කම අපට හිතෙන්නේ 'මේ අයට තරහක් නැහැ. ආශාවක් නැහැ. ක්‍රෝධයක් නැහැ. වෛරයක් නැහැ' කියලායි. "අනේ ... මේ චූටි හිත් මල් වගේ" කියලා කියනවා. නමුත් ඒ අය වැඩිමහළු වෙන්න වෙන්න ඒ නැති දේවල් ඔක්කොම මතුවෙන්න පටන් ගන්නවා. එහෙනම් ඒවා තිබුණේ හිතේ තැන්පත් වෙලයි. දරුවා වයසට යන්න යන්න, ඒ දරුවාට තේරෙන්න පටන් ගන්න ගන්න ඒ ආශ්‍රව මතුවෙනවා.

චූටි කාලේදී මේ ආශ්‍රව හිතේ නැතුවා නොවෙයි. චූටි කාලයේත් මේ ආශ්‍රව හිතේ තියෙනවා. ඔබ දැකලා ඇති පොඩි ළමයි පුටුවක හැපුණාට පස්සේ අම්මලා ඒ පුටුවට ගහනවා. එතකොට අර චූටි ළමයා 'පුටුවට රිදුණා' කියලා හිතලා සතුටක් ලබනවා. ඒ විදිහට තමයි ඊර්ෂ්‍යාව, ක්‍රෝධය, වෛරය ටිකෙන් ටික මේ හිතේ පෝෂණය වෙන්න පටන් ගන්නේ.

තණ්හාව අවිද්‍යාව නිසයි...

ඒ වගේම කෙනෙකුට කතා කරන්න බැරිවුණා කියලා තණ්හාව නැතුව යන්නේ නැහැ. කෙනෙකුට ඇස් දෙක පෙනෙන්නේ නැහැ කියලා, කණ් ඇහෙන්නේ නැහැ කියලා තණ්හාව නැතුව යන්නේ නැහැ. කෙනෙකුට බඩගිනි නැතිවුණා කියලා තණ්හාව නැතුව යන්නේ

නැහැ. කෙනෙකුට ගොරෝසු ශරීරය නැතිවුණා කියලා තණ්හාව නැතුව යන්නේ නැහැ. එහෙනම් තණ්හාව තියෙන්නත් හේතුවක් තියෙනවා. හේතුව තමයි අවිද්‍යාව. අවිද්‍යාව කියලා කියන්නේ ඇත්ත ඒ ආකාරයෙන් නොදන්නාකම. ඒ නිසා තමයි තණ්හාව කියලා එකක් හිතේ ඇතිවෙලා තියෙන්නේ.

අපි තණ්හාවේ ලක්ෂණය කතා කළා. යළි භවයක් සකස් කරලා දෙනවා. ඒ ඒ දේ කෙරෙහි ආශ්වාදයෙන් ඇලෙනවා. ඒ ඒ දේ සතුටින් පිළිගන්නවා. අපට කාම තණ්හාව තියෙනවා. භව තණ්හාව තියෙනවා. විභව තණ්හාව තියෙනවා. (විභව තණ්හාව කියලා කියන්නේ 'මොකවත් නෑ' කියලා නැතිකර ගන්න තියෙන ආශාවටයි)

සමහර පිරිස් 'රූපය දුකක්' කියලා හිතනවා. ඒ උදවිය රූපය දුකක් කියලා හිතුවට දුකට හේතු හැටියට දකින්නෙත් රූපයමයි. එහෙම දැකලා 'මේ රූප නැත්නම් කොච්චර හොඳද, මේ වේදනාව, සඤ්ඤාව, සංඛාර, නැත්නම්, මේ සිතත් නැත්නම් කොච්චර හොඳද?' කියලා ඒ සඳහා හිත පුරුදු කරනවා. මේ ආකාරයට සිතට පුරුදු කරන කොට සිත ඊට අනුරූපව සකස් වෙනවා.

විඤ්ඤාණය මායාවක්...

බුදුරජාණන් වහන්සේ මේ හිතේ ස්වභාවය පෙන්වන්න හොඳ උපමාවක් දේශනා කළා. මේ විඤ්ඤාණය කියන්නේ මායාවක් **(මායූපමඤ්ච විඤ්ඤාණං)** මායාකාරයෙක් හතරමං හන්දියක මායා දක්වනවා වගේ දෙයක් තමයි මේ හිතේ තියෙන්නේ. මේ හිත තමන්ට ඕනේ ඕනේ පැත්තට හරවන්න පුළුවන් දෙයක්. අපි හිතන හිතන පිළිවෙලට අනුව, චේතනා පහළ කරන පිළිවෙලට

අනුව කර්ම සකස් වෙනවා. පැවැත්ම සකස් වෙනවා. ඒ නිසාම තමයි අපට මේ පැවැත්ම නවත්වන්න පුළුවන් වෙලා තියෙන්නෙත්.

කායිකව පීඩා විඳින කොට 'අනේ මේ කය නැත්නම් කොච්චර හොඳද?' කියලා හිතනවා. හිත නිසා දුක් විඳින කොට 'අනේ මට මේ හිතකුත් නැත්නම් කොච්චර හොඳද' කියලා හිතනවා. දැන් මේ කෙනා මේකට හිත පුරුදු කරනවා. සමථ භාවනාවෙන් තමයි මෙයා මේ දේ කරන්නේ. සමහරු ඒ විදිහට සමථ භාවනාවෙන් අරූප ධ්‍යාන ලබනවා. එතකොට කය දැනෙන්නේ නැහැ. තවදුරටත් සිතත් දැනෙන්නේ නැති ස්වභාවයට පුරුදු කරනවා. නේවසඤ්ඤානාසඤ්ඤායතන සමාධිය දක්වාම සිත පුරුදු කරනවා. එතකොට මේ අයට වැඩෙන්නේ විභව තණ්හාව. විභව තණ්හාව තුළ සකස් වෙන්නේ අරූප භවය. එතකොට එයාට අරූප ලෝකය තුළ උපතක් සකස් වෙනවා.

කාම ලෝකයත් රූප ලෝකයත් අතර වෙනස...

අපට දැන් මෙහෙම ප්‍රශ්නයක් මතුවෙනවා. 'කාම ලෝකයේ රූපයත්, අරූප ලෝකයේ රූපයත් අතර වෙනසක් තියෙනවද?' කියලා. පැහැදිලිවම වෙනසක් තියෙනවා. අපි හිතමු මනුෂ්‍යයෙකුට තදින් නින්ද යනවා. නිදාගෙන ඇහැරුණාට පස්සේ එයාගෙන් ඇහුවොත් "නිදාගත්තු වෙලාවේ කොහේද හිටියේ?" කියලා එයා කොහෙද හිටියේ, මොකද වුණේ කියලා දන්නේ නැහැ. නමුත් එයාගේ රූප, වේදනා, සඤ්ඤා, සංඛාර, විඤ්ඤාණ ප්‍රහාණය වෙලා නොවෙයි තිබුණේ. අරූප

ලෝකයේ දීත් හරියට මේ වගේම පැවැත්මක් තමයි හිතේ සකස් වෙන්නේ. ඒ කෙනාට දැනෙන්නේ 'හරියට හිත, කය නැහැ' වගෙයි. නමුත් සතර මහා භූතයන්ගේ පැවැත්මෙන් සිත නිදහස් නැහැ. සිත හැම තිස්සේම සතර මහා භූතයන් සමග සම්බන්ධ වෙලා තමයි පවතින්නේ. ලෝවැඩ සඟරාවේ මේ විදිහේ කවියක් තියෙනවා.

සිත මිස කය නැති බඹලොව සතරකි
සිත නැතුවම කය ඇති බඹ තලයෙකි

නමුත් ඒ කවි පද දෙකේම ඇති ධර්මානුකූල හරය වැරදියි. සිත මිස කය නැති ලොවක් තියෙන්න බැහැ. සිත නැතුව කය විතරක් තියෙන ලෝකයක් තියෙන්නත් බැහැ. මොකද, විඤ්ඤාණය නිරුද්ධ වෙන්නේ පිරිනිවන්පෑමෙන් පමණයි. වෙන කිසිම ක්‍රමයකට විඤ්ඤාණය නිරුද්ධ වෙන්නේ නැහැ. අනෙක් කරුණ තමයි විඤ්ඤාණය පවතින්නේ රූපය, වේදනාව, සඤ්ඤාව, සංඛාර කියන ඉතිරි ස්කන්ධ තුළ බැසගෙනයි. ඒවා අල්ලාගෙනයි. විඤ්ඤාණයට තනිවම පවතින්න පුළුවන්කමක් නැහැ. නමුත් සමහර අවස්ථාවල තමන්ට විඤ්ඤාණය නොදැනී තියෙන්න පුළුවන්. ශල්‍යකර්මවලදී එන්නත් දීලා සිහි නැති කරනවා. නමුත් විඤ්ඤාණය නිරුද්ධ වෙන්නේ නැහැ. එන්නතේ බලපෑම අවසන් වුණ ගමන් සිහිය එනවා.

භව පැවැත්ම විස්මය ජනක ක්‍රියාවලියක්...

මේ ආකාරයට යම්කිසි කෙනෙක් කිසිවක් නොදැනී යන්න සිත පුරුදු කරනවා. එය ධ්‍යානයක් හැටියට පුරුදු කළාට පස්සේ මරණින් මත්තේ එයා මොකුත් දන්නේ නැහැ. එතකොට ඒක අයිති කාලයටයි. මොකද හේතුව, තමන්ට නොදැනී ගියාට පැවැත්මක් සකස් වෙලයි

තියෙන්නේ. ඒ තමයි අරූප භවය. අරූප භවය තුළත් රූප, වේදනා, සඤ්ඤා, සංඛාර, විඤ්ඤාණ තියෙනවා. ඒ ලෝකයේ ආයුෂ කාලය අවසන් වෙච්ච ගමන් එයාට දැනෙන්න පටන් ගන්නවා. දැනෙන්න පටන්ගත්තු ගමන් එතැනින් චුත වෙනවා. මේ භව පැවැත්ම මහා විස්මයජනක ක්‍රියාවලියක්. බුදුරජාණන් වහන්සේ පමණයි මේ දෙය හරියාකාරව නිරවුල්ව අවබෝධ කරගත්තේ.

සක්කාය නිරෝධය...

බුදුරජාණන් වහන්සේ වදාළා "සක්කාය කියන්නේ රූප, වේදනා, සඤ්ඤා, සංඛාර, විඤ්ඤාණ කියන පංච උපාදානස්කන්ධයට"කියලා. කොටින්ම කිව්වොත් දුකට. පංච උපාදානස්කන්ධයක් තියෙනවා කියන්නේ ඉපදීම, දිරීම, මරණය, ශෝක කිරීම, වැළපීම කියන මේ සියලු දේ තියෙනවා කියන එකයි. මේ සක්කාය හටගන්නේ තණ්හාවෙන්. ඊළඟට විසාඛ උපාසකතුමා මෙහෙණියගෙන් අහනවා

"**(සක්කාය නිරෝධෝ සක්කාය නිරෝධෝති අය්‍යෙ වුච්චති. කතමෝ නු ඛෝ අය්‍යෙ සක්කාය නිරෝධෝ වුත්තෝ භගවතාති)** පින්වත් ආර්යාවනි, සක්කාය නිරුද්ධ වෙනවා, සක්කාය නිරුද්ධ වෙනවා කියලා කියනවා. භාග්‍යවතුන් වහන්සේ මේ සක්කාය නිරෝධය කිව්වේ කුමකටද?"

"**(යෝ ඛෝ ආවුසෝ විසාඛ, තස්සායේව තණ්හාය අසේසවිරාගනිරෝධෝ චාගෝ පටිනිස්සග්ගෝ මුත්ති අනාලයෝ, අයං ඛෝ ආවුසෝ විසාඛ සක්කාය නිරෝධෝ වුත්තෝ භගවතාති)** පින්වත් විසාඛ, ඒ තණ්හාව ඉතිරි නැතුව නොඇල්මෙන් නිරුද්ධ කිරීමක් ඇද්ද, අත්හැරීමක්

ඇද්ද, දුරුකිරීමක් ඇද්ද, මිදීමක් ඇද්ද, ආලය අත්හැරීමක් ඇද්ද භාග්‍යවතුන් වහන්සේ එයයි සක්කාය නිරෝධය කියලා වදාළේ.”

සක්කාය කියලා කියන්නේ රූප, වේදනා, සඤ්ඤා, සංඛාර, විඤ්ඤාණ කියන උපාදානස්කන්ධයන්ටයි. එතකොට සක්කාය නිරෝධය කියලා කියන්නේ මේ පංච උපාදානස්කන්ධයේ නිරෝධයටයි. එනම් රූප උපාදානස්කන්ධයේ නිරෝධය, වේදනා උපාදාන-ස්කන්ධයේ නිරෝධය, සඤ්ඤා උපාදානස්කන්ධයේ නිරෝධය, සංඛාර උපාදානස්කන්ධයේ නිරෝධය, විඤ්ඤාණ උපාදානස්කන්ධයේ නිරෝධයයි. එතකොට විසාඛ උපාසකතුමා ඇසුවේ ‘පංච උපාදානස්කන්ධය නිරුද්ධවෙන ආකාරය බුදුරජාණන් වහන්සේ වදාළේ කොහොමද?’ කියලයි.

විසඳුම මරණය නොවෙයි...

සාමාන්‍යයෙන් තථාගතයන් වහන්සේ වදාළ ධර්මය දන්නේ නැති, ප්‍රඥාවක් නැති උදවිය ජීවිතයේ ප්‍රශ්න ඇතිවෙන කොට හිතනවා ‘මේ ඔක්කොම ජීවත්වෙන නිසා නෙව. මැරිල ගියා නම් ඉවරයි’ කියලා. නමුත් එය නිවැරදි විසඳුමක් නොවෙයි. මැරුණයි කියලා ප්‍රශ්නය ඉවර වෙන්නේ නැහැ. ප්‍රශ්නය එහෙම්මමයි. මෙන්න මේ වගේම සමහර කෙනෙක් හිතනවා ‘රූපනේ දුක. රූප නොදනී ගියාම දුක ඉවරයි. වේදනාව නම් දුක වේදනාව නොදනී ගියාම දුක ඉවරයි. සඤ්ඤාව දුක නම් සඤ්ඤාව නොදනී ගියාම දුක ඉවරයි. සංඛාර දුක නම් සංඛාර නොදනී ගියාම දුක ඉවරයි. විඤ්ඤාණ දුක නම් විඤ්ඤාණය නොදනී ගියාම දුක ඉවරයි’ කියලා.

ඒ ආකාරයෙන් හිතලා තමයි ජීවත්වෙන කෙනෙක් මැරිලා ගියාම 'දුක ඉවරයි' කියලා හිතන්නේ. ඒ වගේම තමයි සිතයි කයයි නොදැනී යන්න භාවනා කරන්න පුරුදු වෙලා තියෙන්නේ. නමුත් ප්‍රශ්නය එතැනමයි.

පංච උපාදානස්කන්ධයේ නිරෝධය...

"පංච උපාදානස්කන්ධය නිරුද්ධ කරන්නේ කොහොමද?" කියන කාරණය බුදුරජාණන් වහන්සේ පැහැදිලිව දේශනා කොට වදාළා.

"**(යෝ තස්සායේව තණ්හාය)** දුකට හේතුව වූ ඒ තණ්හාව **(අසේසවිරාගනිරෝධො)** ඉතිරි නැතුව නොඇල්මෙන් නිරුද්ධ කිරීමක් ඇද්ද, **(චාගෝ)** අත්හැරීමක් ඇද්ද, **(පටිනිස්සග්ගෝ)** දුරුකිරීමක් ඇද්ද, **(මුත්ති)** මිදීමක් ඇද්ද, **(අනාලයෝ)** ආලය අත්හැරීමක් ඇද්ද එයයි සක්කාය නිරෝධය" කියලා. එහෙම නම් යම්කිසි කෙනෙකුට පංච උපාදානස්කන්ධයෙන් මිදෙන්න ඕනනම් එයා තණ්හාවෙන් මිදෙන්න ඕනේ.

තණ්හාව විවිධ ස්වරූපයෙන්...

තණ්හාව මූලික වශයෙන් ස්වරූප තුනකින් ක්‍රියාත්මක වෙනවා. ඒ තමයි **රාගය, ද්වේෂය, මෝහය** කියන මූලික ස්වරූප තුන.

තණ්හාව බන්ධන හැටියට ස්වරූප දහයකින් ක්‍රියාත්මක වෙනවා. ඒ තමයි 'දස සංයෝජන.' එනම් **සක්කාය දිට්ඨිය, සීලබ්බත පරාමාස, විචිකිච්ඡා, කාමරාග, පටිඝ, රූප රාග, අරූප රාග, මාන, උද්ධච්ච, අවිජ්ජා.**

තණ්හාව අනුශය වශයෙන් ස්වරූප හතකින් ක්‍රියාත්මක වෙනවා. ඒ තමයි **කාමරාගානුසය, පටිඝානුසය,**

දිට්ඨානුසය, විචිකිච්ඡානුසය, මානානුසය, භවරාගානුසය, අවිජ්ජානුසය.

තණ්හාව ආශ්‍රව වශයෙන් තුන් ආකාරයකට පවතිනවා. ඒ තමයි **කාමාශ්‍රව, භවාශ්‍රව, අවිජ්ජාශ්‍රව.** මේ ඔක්කෝම තණ්හාවේ නොයෙක් වෙස්ගැනීම්.

කාම තණ්හාව, භව තණ්හාව, විභව තණ්හාව වශයෙන් තණ්හාව තියෙන්නේ පංච උපාදානස්කන්ධය අල්ලාගෙනයි. රූප, වේදනා, සඤ්ඤා, සංඛාර, විඤ්ඤාණ කියන මේ පහ කෙරෙහි තමයි තණ්හාව තියෙන්නේ. මේ පහ කෙරෙහි තණ්හාව නැතිවුණා නම් සියලුම ලෝක වලින් නිදහස් වෙනවා. මොකද පුනර්භවයක් සකස් වෙන්නේ නැති නිසා.

තණ්හාවෙන් තමයි යළිත් භවයක් සකස් කරලා දෙන්නේ. තණ්හාව නැත්නම් භවයක් සකස් වෙන්නේ නැහැ. භවයක් නැත්නම් නැවත උපතක් නැහැ (**භව නිරෝධා ජාති නිරෝධෝ**) ජාතියක් නැත්නම් ජරා මරණ නැහැ . මේ විදිහට තමයි ධර්මයේ උගන්වන්නේ. ඒ නිසා දුකට හේතුව වන තණ්හාව නැතිකිරීමෙන් දුක නැති කරන්න පුළුවන්. දුක නිරුද්ධ වෙනවා කියන්නේ පංච උපාදානස්කන්ධය නිරුද්ධ වෙනවා කියන ඒකයි.

දුක නිරුද්ධ කිරීමේ සොඳුරු මග...

ඊළඟට විසාඛ උපාසකතුමා ධම්මදින්නා මෙහෙණින් වහන්සේගෙන් අහනවා "ආර්යාවනි, සක්කාය නිරුද්ධ කිරීමේ ප්‍රතිපදාව, සක්කාය නිරුද්ධ කිරීමේ ප්‍රතිපදාව කියලා කියනවා. කුමක්ද භාග්‍යවතුන් වහන්සේ විසින් මේ සක්කාය නිරුද්ධ කිරීමේ ප්‍රතිපදාව හැටියට පෙන්නුවේ?"

ධම්මදින්නා තෙරණිය පිළිතුරු දෙනවා "පින්වත් විසාඛ, භාග්‍යවතුන් වහන්සේ සක්කාය නිරුද්ධ කිරීමේ වැඩපිළිවෙල හැටියට වදාළේ මේ ආර්ය අෂ්ටාංගික මාර්ගයයි. ඒ කියන්නේ සම්මා දිට්ඨි, සම්මා සංකප්ප, සම්මා වාචා, සම්මා කම්මන්ත, සම්මා ආජීව, සම්මා වායාම, සම්මා සති, සම්මා සමාධි කියන මේ අංග අටයි."

සම්මා දිට්ඨිය ඇතිවෙන කල්ම කෙනෙකුට මේ ප්‍රශ්නය නිවැරදිව තේරුම්ගන්න බැහැ. සම්මා දිට්ඨිය කියන්නේ චතුරාර්ය සත්‍ය පිළිබඳ ඇති සත්‍ය ඤාණයයි. අපි මෙතෙක් වෙලා කතා කළේ චතුරාර්ය සත්‍ය ගැනයි. මුලින්ම කතා කළා සක්කාය, එහෙමත් නැත්නම් පංච උපාදානස්කන්ධය ගැන. ඒ කියන්නේ දුක්ඛ ආර්ය සත්‍යය. ඊළඟට කතා කළේ සක්කාය සමුදය ගැනයි. ඒ කියන්නේ දුක්ඛ සමුදය සත්‍යය. ඉන්පසු සක්කාය නිරෝධය ගැන කතා කළා. ඒ කියන්නේ දුක්ඛ නිරෝධ සත්‍යය. ඉන්පසු කතා කළේ සක්කාය නිරෝධගාමිනී ප්‍රතිපදාව ගැනයි. එනම් දුක්ඛනිරෝධගාමිනීපටිපදා ආර්ය සත්‍යය ගැන. 'මේ චතුරාර්ය සත්‍ය ධර්මය සත්‍යයක් ය 'යන බවට ඇතිවෙන ඤාණය තමයි සම්මා දිට්ඨිය කියලා කියන්නේ.

වයසට ගියා කියලා නුවණ වැඩිවෙන්නේ නෑ...

පොදු වශයෙන් ලෝකයේ මිනිසුන් ගැන සැළකුවොත් බොහෝ දෙනෙක් මෝඩයි. මිනිස්සු වයසට යනවා. නමුත් වයසට ගිය පමණින් නුවණ මුහුකුරා යන්නේ නැහැ. නුවණ තියෙන්නේ සාමාන්‍යයෙන් පෙර පාසල් මට්ටමේ. වයසට ගියා කියලා නුවණ වැඩිවෙන්නේ නැහැ. පොඩි ළමයකුගේ මානසික ස්වභාවය නැතුව

යන්නේ නැහැ. වයසට ගියාට එයාව මුළා කරන්න, රවට්ටන්න පුළුවන්.

කය වයසට ගියත් හිතේ තියෙන්නේ පුංචි බොළඳ මානසික මට්ටමක්. සමහර ආච්චිලා සීයලා වයසට යන්න යන්න චූටි ළමයි සෙල්ලම් කරන පිළිවෙලේ ජීවිතයක් හැදෙනවා. එයින් අපට පැහැදිලිව පේනවා වයසට ගියා කියලා නුවණ මෝරන්නේ නැහැ. සමහර මහාචාර්යවරු ඉන්නවා. නමුත් වයසට ගියාට පස්සේ ඒ මහාචාර්යකම ඉවරයි. එතකොට එයා පොඩි ළමයෙකුගේ මානසික මට්ටමකට වැටෙනවා. ඒ කියන්නේ චතුරාර්ය සත්‍යය අවබෝධය කරා හිත සකස් වෙනතුරුම, හිත කියන එක තියෙන්නේ බොළඳ මට්ටමක. ඒක තමයි පෘථග්ජන මනසේ ස්වභාවය.

ඉක්මනින් සම්මා දිට්ඨියට පැමිණෙන්න...

මේ ස්වභාවයෙන් හිත වෙනස් කරන්න පුළුවන් වෙන්නේ සම්මා දිට්ඨිය තුළින් විතරයි. සම්මා දිට්ඨිය කියන්නේ හේතුඵල දහම පිළිබඳව තමන්ට තියෙන අවබෝධය. අපි හිතමු කෙනෙක් භාවනා කරන්න පටන් ගන්නවා. මේක දැකලා තව කෙනෙක් හිතනවා 'මෙයාගේ ජීවිතයේ ගොඩක් ප්‍රශ්න තියෙනවා. මෙයාට මේ ප්‍රශ්නවලට විසඳුම් නැතුව ගිය නිසයි මෙයා භාවනාවට නැඹුරු වුණේ. මෙයාට අහවල් අහවල් දේ තිබුණා නම් මෙයා භාවනා කරන්න යන්නේ නැහැ' කියලා. එතකොට ඒ කෙනා හිතන්නේ 'භාවනා කරන්නේ ජීවිතයෙන් පැරදුණු නිසා' කියලයි. ඔන්න ඔය ආකාරයේ මතයක් තමයි පුහුදුන් මට්ටමේ සිටින නුගත්කමේ ගැලිච්ච සමාජයේ තියෙන්නේ. නමුත් මේ දුක අවබෝධ කරනවා කියන වැඩපිළිවෙල අතිශයින්ම ශ්‍රේෂ්ඨ වූ ඒ වගේම දුෂ්කර දෙයක්.

දුක් විඳලා දුක නැතිකරන්න බෑ...

අපි දන්නවා දුකට හේතුව තමයි තණ්හාව. දුකෙන් මිදෙන්න නම් ඒ තණ්හාව ප්‍රහාණය කරන්න ඕනේ. නමුත් මේ දෙය දුක්විඳලා කරන්න පුළුවන් එකක් නොවෙයි. සමහර විදේශීය ජාතිකයෝ ගිහි ජීවිත අත්හැරලා මහණ වෙනවා. බොහෝ විට ඒ අය ගිහි ජීවිතයේදී පුරුදු වෙලා තිබෙන්නේ අධි සුඛෝපභෝගී ජීවිතයක් ගත කරන්න. ඒ නිසා ඒ උදවිය කාමසුඛල්ලිකානුයෝගය අත්හැරලා අනෙක් අන්තය වන අත්තකිලමථානුයෝගයට එනවා. කායිකව දුක් දෙන වැඩපිළිලෙට එනවා. නමුත් ගිහි ජීවිතය අත්හැරලා පැවිදි දිවියට ඇතුළුවීමේ අරමුණ විය යුත්තේ කාමසුඛල්ලිකානුයෝගයවත්, අත්තකිලමථානුයෝගයවත් නොවෙයි. අරමුණ විය යුත්තේ 'දුකින් නිදහස් වෙන්නේ කොහොමද?' කියන එකයි. ඒ සඳහා බුදුරජාණන් වහන්සේ පෙන්වා දුන්නේ මධ්‍යම ප්‍රතිපදාවයි. එය දුක් විඳලා අවබෝධ කරන එකක් නොවෙයි. දුක් විඳින තරමින් දුක් විඳපු තරමින් දුක අවබෝධ වෙන්නේ නැහැ.

මේ ධර්මය බුද්ධිමත් කෙනාටයි...

ඔන්න දුක් සහිත ජීවිතයක් ගතකරපු කෙනෙක් භාවනා කරන්න පටන් ගන්නවා. මේක දකින තව කෙනෙක් හිතන්න පුළුවන් 'මේ කෙනා ජීවිතයේ ගොඩාක් දුක් විඳපු කෙනෙක්. ඒ නිසා මෙයා ඉක්මනින් ධර්මය අවබෝධ කරයි' කියලා. නමුත් ඒ කෙනා නුවණින් කල්පනා නොකරන කෙනෙක් නම් දුක අවබෝධ කරන්නේ නැහැ. දුක අවබෝධ කරන්නේ දුක් විඳින කෙනෙක් කෙනෙක් නෙවෙයි. දුක අවබෝධ කරන්නේ බුද්ධිමත් කෙනෙක්. බුද්ධිය නැති කෙනෙකුට දුක අවබෝධ කරන්න බැහැ.

සතර අපායේ දොරටු වහන්න...

අපි හිතමු පයෙහි රන් මිරිවැඩි ලාගෙන, රන් තැටියක වළඳන, සත්මහල් ප්‍රසාදයක ජීවත්වෙන මනුෂයෙක් ඉන්නවා. එයාට බුදුරජාණන් වහන්සේගේ ධර්මය අහන්න ලැබෙනවා. බුදුරජාණන් වහන්සේගේ ධර්මය අහලා එයා මේ විදිහට හිතනවා 'ඇත්ත තමයි. මට අයිති මේ සියලු දේ අයිති කාලයටත්, අවකාශයටත්. මට සම්බන්ධ සියලු දේ අයිති මහ පොළොවට. මනුෂ්‍ය ජීවිතය කියන්නේ දුර්ලභ දෙයක්. ඒ වගේම තාවකාලික දෙයක්. මට නිතරම සතර අපායේ දොරටු විවෘත වෙලයි තියෙන්නේ. සතර අපායේ වැටුණොත් කෙළවරක් නැති දුක් වේදනා විඳින්න සිද්ධ වෙනවා. මේ සංසාර ගමන හේතුඵල දහමකින් හටගත්තු දෙයක්. ඒ නිසා මට මේ සැප සම්පත් වලින් වැඩක් නැහැ. මමත් මේ ධර්මය අවබෝධ කරගන්න ඕනේ' කියලා. ඉතින් මේ කෙනා මේ විදිහට නුවණින් කල්පනා කරලා ආර්ය අෂ්ටාංගික මාර්ගයේ ගමන් කිරීම පිණිස සියල්ල අත්හරිනවා. ඒ බුද්ධිමත් කෙනා තමයි දුක අවබෝධ කරලා දුක හටගන්න හේතුව ප්‍රහාණය කරන්නේ.

සිතේ ස්වභාවය හඳුනාගන්න...

බුදුරජාණන් වහන්සේ මේ හිතේ ස්වභාවය පෙන්වන්න ලස්සන කතාවක් දේශනා කරලා තියෙනවා. සමහර රාජකීය පවුල්වල ඉන්නවා රත්තරන් භාජන වල අනුභව කරන, රන් මිරිවැඩ පයෙහි ලාගෙන ඉන්න, කාම ලෝකයේ උපරිම කම්සැප විඳන උදවිය. ඉතින් මේ අයට බුදුරජාණන් වහන්සේ දේශනා කරන ධර්මය අසන්න ලැබෙනවා. මේ අය කල්පනා කරනවා 'මට මේ ලැබිලා තියෙන්නේ හොඳ අවස්ථාවක්. විමුක්තියක් කරා

ජීවිතය සකස්කර ගන්න මෙය මට කදිම අවස්ථාවක්. ඒ නිසා මම ගිහිගෙය අත්හැර හිස මුඩුකොට කසාවත් හැඳ පැවිදි වෙනවා' කියලා. මේ විදිහට හිතලා බුදුරජාණන් වහන්සේගේ පැවිදි ශ්‍රාවකයෙක් වෙනවා. පැවිදි දිවියට ඇතුළු වුණ ඒ පුද්ගලයා මැටි පාත්‍රයක් අරගෙන හෙට දිනයක් ගැන කල්පනා කරන්නේ නැති සරල ජීවිතයක් ගෙවනවා. විමුක්තියක් කරා ගමන් කරනවා. උන්වහන්සේ පෙන්වනවා "මේ තමයි බුද්ධිමත් කෙනා" කියලා.

ඒ වගේම කෙනෙක් ඉන්නවා එයාට තියෙන්නේ පොල් අතු පැලක්. එයා අඳින්නේ වැරහැලි. එයාට ඉන්නේ වැඳිරි මැහැල්ලියක් වගේ වැහැරිලා ගිය බිරිඳක්. එයා ආහාර ගන්නේ දිරාපු යකඩ තැටියක. එයාටත් තථාගත ධර්මය අහන්න ලැබෙනවා. නමුත් එයා කල්පනා කරනවා 'අපෝ මම කොහොමද මේවා දාලා යන්නේ. මම කොහොමද මේව අත්හරින්නේ?' කියලා. දැක්ක නේද බුද්ධිමත් නැති කෙනාගේ ලක්ෂණය. බුද්ධිමත් නොවන කෙනෙකුට අත්හරින එක කරන්න පුළුවන් දෙයක් නොවෙයි. එයා හැමතිස්සේම කරන්නේ කොහෙන් හරි අල්ලගන්න එක.

පෘථග්ජන මානසිකත්වය හරිම භයානකයි...

බුදුරජාණන් වහන්සේගේ ධර්මයේ විස්තර කරන්නේ "අත්හැරීම කියන්නේ බුද්ධිමත් වැඩපිළිවෙලක්" කියලයි. නමුත් අද ධර්මය කොයිතරම් කණපිට හැරිලද කියනවා නම් භාවනා කරනවා කියලා අහපු ගමන් "අයියෝ! භාවනා කරන්නේ ඇයි? ඔයා මේ ගිහි ජීවිතය ලස්සනට ගත කරලා ඉන්නකෝ. ඔය අසවල් අසවල් අයත් ලස්සනට ඉන්නේ" කියලා කියනවා. මෙය තමයි පෘථග්ජන මානසිකත්වය. මේ පෘථග්ජන මානසිකත්වය ගැන බුදුරජාණන් වහන්සේ වදාළේ 'පෘථග්ජන මානසිකත්වය හරිම භයානක එකක්' කියලායි.

අද බහුතරයක් තියෙන්නේ හිතන්න බැරි මිනිසුන්නේ පිරුණු ලෝකයක්. පෘථග්ජන මනසේ ස්වභාවය තමයි හිතන්න බැරි ලෝකයක ඇතිවෙන සෑම දෙයකටම වසඟ වෙලා යන එක. වසඟ වෙලා සිහිවිකල් කරගන්නවා. සිහි විකල් කරගෙන සම්පූර්ණයෙන්ම දුකට පත්වෙනවා. අසහනයට පත්වෙනවා. ඒක තමයි පෘථග්ජන මනසේ ස්වභාවය. මේ වගේ සිහිවිකල් වෙච්ච පිරිසක් මැද්දේ තමයි අපි මේ ජීවිතය තේරුම් ගන්න හදන්නේ.

නිදහසේ මාවත...

ඉතින් බුදුරජාණන් වහන්සේ පෙන්වා දෙනවා "සක්කාය නිරෝධයට තියෙන එකම මාර්ගය ආර්ය අෂ්ටාංගික මාර්ගයයි" කියලා. මුලින්ම සම්මා දිට්ඨිය. සම්මා දිට්ඨිය කියන්නේ දුක, දුකට හේතුව, හේතුව නැතිකිරීමෙන් දුක නැති කරන්න පුළුවන් බව හා ඒ සඳහා තියෙන වැඩපිළිවෙල පිළිබඳ තමාට තියෙන දැනුම. එකෙන් තමයි සම්මා දිට්ඨිය ඇතිවෙන්නේ. සම්මා දිට්ඨිය පිළිබඳ දැනුම ලැබෙන්න ලැබෙන්න තමාගේ වටිනාකම තමන්ම දකින්න පටන් ගන්නවා. ධර්මයේ වටිනාකම දකින්න පටන් ගන්නවා.

දෙකම එකක්ද...?

ඊළඟට විසාඛ උපාසකතුමා භික්ෂුණීන් වහන්සේගෙන් අහනවා "ආර්යාවෙනි, මේ පංච උපාදානස්කන්ධයද උපාදානය? එහෙම නැතිනම් උපාදානය කියන්නේ පංච උපාදානස්කන්ධයෙන් බැහැර දෙයක්ද?" කියලා.

උපාදාන කියන වචනයේ තේරුම තමයි 'බැඳීයෑම.' මේ බැඳීයෑම ආකාර හතරකට සිදුවෙනවා. කාමයන්ට

බැඳීයෑම සිදුවෙනවා. ඒ තමයි '**කාම උපාදාන.**' දෘෂ්ටීන්ට බැඳීයෑම සිදුවෙනවා. (දෘෂ්ටිය කිව්වේ තමන් හිතට ගත්තු අදහස) ඒ තමයි '**දිට්ඨි උපාදාන.**' ඊළඟට '**සීලබ්බත උපාදාන.**' (ඒ කියන්නේ තමන් පුරුදු කරන දේට බැඳීයෑම සිදුවෙනවා.) ඊළඟට '**අත්තවාද උපාදාන.**' (ඒ කියන්නේ 'මම ය, මගේ ය, මට අයිතිය' කියලා බැඳීයෑම සිදුවෙනවා) මේ කුමන ආකාරයට සිදුවුණත් බැඳීයෑම සිදුවෙන්නේ පංචුපාදානස්කන්ධයටයි.

ඉතින් විසාඛ උපාසකතුමා අහනවා "පංච උපාදානස්කන්ධය කියන්නේ උපාදානද එහෙම නැත්නම් උපාදාන වෙනම එකක්ද?" කියලා. ධම්මදින්නා මෙහෙණින් වහන්සේ පිළිතුරු දෙනවා "පින්වත් විසාඛය, උපාදානයත් පංච උපාදානස්කන්ධයත් එකක්ම නොවෙයි. හැබැයි උපාදානය පංච උපාදානස්කන්ධයෙන් බැහැර දෙයකුත් නොවෙයි. පංච උපාදානස්කන්ධය කෙරෙහි යම් ඡන්දරාගයක් ඇද්ද, එයයි උපාදානය."

රූප, වේදනා, සඤ්ඤා, සංඛාර, විඤ්ඤාණ කියන මේ පහ කෙරෙහි ඇති ඡන්දරාගය (ඡන්ද - කැමැත්ත, රාග - ඇලීම) තමයි උපාදානය වෙන්නේ. එතකොට මේ පංච උපාදානස්කන්ධය කෙරෙහි කෙනෙක් කැමැත්තෙන් ඇලෙන්න හේතුව තමයි අවිද්‍යාව. පංච උපාදානස්කන්ධය පිළිබඳ යථාභූත ඤාණයක් නැති නිසා තමයි කැමැත්තෙන් ඇලී යන්නේ.

සක්කාය දිට්ඨිය ඇතිවෙන හැටි...

ඊළඟට විසාඛ උපාසකතුමා අහනවා "සක්කාය දිට්ඨිය ඇතිවෙන්නේ කොහොමද?" කියලා. පංච උපාදානස්කන්ධයට ආත්ම වශයෙන් දැඩිලෙස බැඳීයෑමට

කියනවා '**සක්කාය දිට්ඨිය**' කියලා. ඉන්පසු ධම්මදින්නා තෙරණිය සක්කාය දිට්ඨිය සකස්වෙන හැටි විස්තර කරනවා.

"පින්වත් විසාඛ, සද්ධර්මය අහන්න ලැබෙන්නේ නැති සද්ධර්මයේ හැසිරෙන්නේ නැති සද්ධර්මයේ හික්මෙන්නෙ නැති අශ්‍රැතවත් පෘථග්ජන කෙනා (සතර මහා ධාතුන්ගෙන් හටගන්නා වූ) 'රූපය ආත්මයක් (තමාගේ වසඟයෙහි පැවැත්විය හැකි දෙයක්) වශයෙන් මුලාවෙන් දකිනවා.' එක්කෝ ඔහු මුලාවෙන් දකින්නේ 'ආත්මය රූපයෙන් හැදිච්ච එකක්' කියලායි. එහෙම නැත්නම් ඔහු මුලාවෙන් දකින්නේ 'ආත්මයක් තුළ තමයි රූපය තියෙන්නේ' කියලයි. එහෙමත් නැත්නම් ඔහු මුලාවෙන් දකින්නේ 'ආත්මය තියෙන්නේ රූපය තුළ' කියලයි." එතකොට එතැන කරුණු හතරක් තියෙනවා. ඒ තමයි

- රූපය ආත්ම කියලා සලකනවා.
- ආත්මය රූපවත් එකක් කියලා සලකනවා.
- ආත්මය තුළ රූපය තියෙනවා කියලා සලකනවා.
- රූපය තුළ ආත්මය තියෙනවා කියලා සලකනවා.

සක්කාය.. සක්කාය දිට්ඨියක් වෙන්නේ කොහොමද...?

ආත්මය කියලා කියන්නේ මොකක්ද කියලා තේරුම් ගත්තේ නැත්නම් අපට කවදාවත් සෝතාපන්න වෙන්න නම් ලැබෙන්නේ නැහැ. සෝතාපන්න වෙනවා කියන්නේ සක්කාය දිට්ඨියෙන් මිදීම. ඒ සඳහා අපි සක්කාය දිට්ඨිය කියන්නේ මොකක්ද කියලා තේරුම් ගන්න ඕනේ. සක්කාය දිට්ඨිය කියන එක තේරුම් නොගන්නා තාක්කල් සක්කාය දිට්ඨියෙන් මිදෙන්න බැහැ.

සක්කාය කියන එක අපි තේරුම් ගත්තේ රූප, වේදනා, සඤ්ඤා, සංඛාර, විඤ්ඤාණ ලෙසටයි. සක්කාය දිට්ඨි කියන්නේ මේ රූප, වේදනා, සඤ්ඤා, සංඛාර, විඤ්ඤාණ තමාගේ වසඟයේ පවත්වන්න පුළුවන් දෙයක් එහෙමත් නැත්නම් ආත්මයක් ලෙස මුලාවෙන් දැකීමටයි. ආත්මය කියන එකේ තේරුම තමයි වෙනස් වෙන්නේ නැති දේ කියන එක. වෙනස් වෙන්නේ නැති දේටයි ආත්ම කියන්නේ.

එතකොට අපි සාමාන්‍යයෙන් "අනිත්‍යයි. අනිත්‍යයි" කියලා කිව්වට හැම තිස්සේම 'මම' කියලා දෙයක් ගැන, 'මගේ' කියලා දෙයක් ගැන, 'මට අයිතියි' කියලා දෙයක් ගැන සිතේ මුල් බැහැගෙන තියෙනවා. ඒ ආකාරයට මුල් බැසගත්තු දේවල් ඔස්සේ තමයි අපි හිතන්නේ.

ශරීරය එපා... ඒත් සිත ඕනේ...

සමහරු ශරීරයට තුවාලයක් හැදුණොත්, වේදනාවක් ඇතිවුණොත් පුදුමාකාර භයකට පත්වෙනවා. ශරීරය දැඩි ලෙස 'මම' කියලා ග්‍රහණය කරගෙන ඉන්නවා. සමහරුන්ට මේ ශරීරයට රෝග පීඩා ලැබෙන කොට 'අනේ මට මේ ශරීරයෙන් මිදෙන්න තියෙනවා නම් කොච්චර හොඳද' කියලා හිතෙනවා. නමුත් එයාට මොහොතකටවත් හිතන්නේ නැහැ 'සිතෙන් මිදෙන්න තියෙනවා නම් හොඳයි' කියලා. බොහෝ දෙනෙක් කැමති ශරීරයෙන් නිදහස් වෙන්න විතරයි. නමුත් සිතෙන් නිදහස් වෙන්න කැමති නැහැ. ශරීරය නැසෙනවා වැනසෙනවා පේනවා. ඒ නිසා ශරීරය කැඩෙන දෙයක් බිඳෙන දෙයක් කියලා හිතනවා. නමුත් සිත 'මම' කියලා ගන්නවා.

රූපය පිළිබඳ සක්කාය දිට්ඨිය...

අශ්‍රැතවත් පෘථග්ජන කෙනා 'රූපය ආත්මය' කියලා ගන්නවා. 'වෙනස් වෙන්නේ නැති ස්ථිර යමක් මේ සතර මහා ධාතුන්ගෙන් හටගත්තු රූපය තුළ තියෙනවා' කියලා හිතනවා. සාමාන්‍යයෙන් තථාගත ධර්මය නොඇසූ හැම කෙනෙකුගේම මනසේ මේ දෙය තියෙනවා. එක්කෝ 'රූපය ආත්මයි' කියලා ගන්නවා. එහෙමත් නැත්නම් 'ආත්මය කියන එක සකස් වෙලා තියෙන්නේ රූපයකින්' කියලා හිතනවා. එහෙම නැත්නම් හිතනවා 'ආත්මය තුළ තමයි මේ රූප සකස් වෙන්නේ' කියලා. එහෙමත් නැත්නම් 'රූපයෙහි තමයි ආත්මය තියෙන්නේ' කියලා හිතනවා. මේ හතර ආකාරයට රූපය ගැන හිතන්නේ රූපය කියලා කියන්නේ කුමක්ද කියලා දන්නේ නැති නිසයි. එහෙමනම් යම්කිසි කෙනෙක් රූප උපාදානස්කන්ධය හරියට තේරුම් ගත්තොත් එයාට රූපය පිළිබඳව ආත්ම දෘෂ්ටිය ඉතුරු වෙන්නේ නැහැ. 'රූපය කියන්නේ කුමක්ද?' කියලා තමා තුළින් අවබෝධ කරගත්තොත්, රූපයේ ඇත්ත තත්වය දැක්කොත්, රූපය ආත්මය වශයෙන් පිළිගන්නේ නැහැ.

විඳීමටත් සිව් ආකාරයකට රැවටෙනවා....

ඊළඟට වේදනාවත් හතර ආකාරයට මුලාවෙන් දකිනවා. 'වේදනාව ආත්මය' කියලා හිතනවා. 'ආත්මය හැදිලා තියෙන්නේ විඳීමකින්' කියලා හිතනවා. 'ආත්මය තුළ වේදනාව තියෙනවා' කියලා හිතනවා. 'වේදනාව තුළ ආත්මය තියෙනවා' කියලා හිතනවා. මේ විදිහට හිතන්නේ 'වේදනාව කුමක්ද?' කියලා දන්නේ නැති නිසයි. වේදනාව කියන්නේ හේතුවක් නිසා හටගත්තු ඵලයක්. වේදනාව හටගන්නේ ස්පර්ශය හේතුවෙන්. ස්පර්ශය අවබෝධ කළොත් වේදනාව අවබෝධ කරන්න පුළුවන්.

වේදනාව තුන් ආකාරයි. **සැප වේදනා, දුක් වේදනා, උපේක්ෂා වේදනා.** මේ වේදනා තුනම තියෙන්නේ ස්පර්ශයේ වෙනස්කම් මත. ස්පර්ශයේ වෙනස් වීමෙන් වේදනාව වෙනස් වෙනවා. වේදනාව පිළිබඳ යථාර්ථය තමා තුළින් තේරුම් ගත්තොත් 'වේදනාව ආත්මය' කියලා පිළිගන්නේ නැහැ. 'වේදනාවෙන් ආත්මය හැදිලා තියෙන්නේ' කියලා පිළිගන්නේ නැහැ. 'ආත්මය තුළ වේදනාව තියෙනවා' කියලා පිළිගන්නේ නැහැ.'වේදනාව තුළ ආත්මය තියෙනවා' කියලා පිළිගන්නේ නැහැ. වේදනාව පිළිබඳ තමා තුළ ඇතිවෙන අවබෝධය නිසා වේදනාව පිළිබඳ වූ වැරදි දෘෂ්ටියෙන් (සක්කාය දිට්ඨියෙන්) මිදෙනවා.

සඤ්ඤාව පිළිබඳ සක්කාය දිට්ඨිය...

ඊළඟට සඤ්ඤාව පිළිබඳව සක්කාය දිට්ඨිය ඇති වෙනවා. සඤ්ඤාව කියන්නේ හඳුනාගැනීමයි. 'සඤ්ඤාව ආත්මය' කියලා සලකනවා. 'සඤ්ඤාවෙන් ආත්මය සකස් වෙලා තියෙන්නේ' කියලා සලකනවා. එහෙම නැත්නම් 'ආත්මය තුළ සඤ්ඤාව තියෙනවා' කියලා සලකනවා. එහෙම නැත්නම් 'සඤ්ඤාව තුළ ආත්මය තියෙනවා' කියලා සලකනවා. මේ ඔක්කොම අදහස් එන්නේ සඤ්ඤාව මොකක්ද කියලා දන්නේ නැති නිසයි.

යම් හෙයකින් එයා අවබෝධ කරගත්තොත් 'සඤ්ඤාව හටගන්නේ ස්පර්ශය ප්‍රත්‍යයෙන්. ස්පර්ශය නැතිවීමෙන් සඤ්ඤාව වෙනස් වෙලා යනවා. සඤ්ඤාව කියන්නේ ස්පර්ශයේ වෙනස්වීම මත වෙනත් ස්වභාවකයට පත්වෙලා යන ධර්මතාවයට අයත් දෙයක් බව, ඒ තේරුම් ගැනීමෙන් සඤ්ඤාව පිළිබඳ ඇති ආත්ම දෘෂ්ටිය

නැතිවෙලා යනවා. ඉතින් සක්කාය දිට්ඨිය නැති කරන්න නම් මේ පිළිබඳව දැනගෙන ඉන්න ඕනේ.

එතකොට රූපය ආත්මය හැටියට පිළිගන්නෙත් නැහැ. වේදනාව ආත්මය හැටියට පිළිගන්නෙත් නැහැ. සඤ්ඤාව ආත්මය හැටියට පිළිගන්නෙත් නැහැ. ඊළඟට සංඛාරත් ආත්මය හැටියට පිළිගන්නේ නැහැ. සංඛාර කියන්නේ චේතනාවටයි. චේතනාව කියන්නේ කර්මයයි. කර්මයෙන් කරන්නේ සකස් කරලා දෙන එක. කර්මය කියන්නේ නිත්‍යය දෙයක් නෙවෙයි. කර්මය කියන්නේත් වෙනස් වෙන ස්වභාවයට අයිති දෙයක්. චේතනාව (කර්මය) කියන්නේ තමන්ට ඕනේ විදිහට හසුරුවලා වෙනස් කළ හැකි වෙනත් මාර්ගයකට යොමු කළ හැකි අනිත්‍ය දෙයක්.

චේතනාව ස්පර්ශය ප්‍රත්‍යයෙන් හටගන්න දෙයක්...

මෙය පිළිබඳව නොදන්න කෙනා 'සංඛාර ආත්මය' කියලා සලකනවා. 'ආත්මය සංඛාර වලින් හැදිලා' කියලා සලකනවා. ඊළඟට 'ආත්මය තුළ සංඛාර තියෙනවා' කියලා සලකනවා. 'සංඛාර තුළ ආත්මය තියෙනවා' කියලා සලකනවා. මේ විදිහට සලකන්නේ සංඛාර පිළිබඳව ඇති අනවබෝධය නිසයි. යම් දවසක චේතනාවේ ක්‍රියාකාරීත්වය තමා තුළින් තේරුම් ගත්තා නම් එදාට ඒ කෙනා සංඛාර වලින් නිදහස් වෙනවා. ඊට පස්සේ එයා සංඛාර වලට රැවටෙන්නේ නැහැ. ඒ පිළිබඳ ආත්ම දෘෂ්ටිය ඇතිකර ගන්නේ නැහැ.

ඊළඟට 'විඤ්ඤාණය ආත්මය' වශයෙන් ගන්නවා. මේ රටේ බොහෝ දෙනෙකුට තියෙන ගැටලුවක්

තමයි "විඤ්ඤාණය කියන්නේ මොකක්ද, විඤ්ඤාණය පවතින්නේ කොහොමද, විඤ්ඤාණය සකස් වෙලා තියෙන්නේ කොහොමද, විඤ්ඤාණය තියෙන්නේ කොතැනද?' කියන එක. මේ ප්‍රශ්න අහන්නේ විඤ්ඤාණය පිළිබඳ බුද්ධ වචනය දන්නේ නැති නිසා.

විඤ්ඤාණයට මුලාවෙන අයුරු...

විඤ්ඤාණය තේරුම් ගන්න ඕනේ බුදුරජාණන් වහන්සේගේ ධර්මය තුළිනුයි. එහෙම තේරුම් ගන්න බැරි කෙනෙක් 'විඤ්ඤාණය ආත්මය' කියලා සලකනවා. එහෙම නැත්නම් 'ආත්මය කියන එක විඤ්ඤාණයෙන් හැදුණු එකක්' කියලා හිතනවා. එහෙම නැත්නම් හිතනවා 'ආත්මය තුළ තමයි විඤ්ඤාණය තියෙන්නේ' කියලා. එහෙමත් නැත්නම් 'විඤ්ඤාණයේ තමයි ආත්මය තියෙන්නේ' කියලා හිතනවා. මේ ඔක්කෝම ආකල්ප ඇතිවෙන්නේ විඤ්ඤාණය කියන්නේ මොකක්ද කියලා දන්නේ නැති නිසයි. මේ ඔක්කොම බැඳීයෑම් තියෙන්නේ 'විඤ්ඤාණය' එහෙම නැත්නම් 'හිත' එහෙමත් නැත්නම් 'මනස' කියන්නේ කුමක්ද කියලා දන්නේ නැති තාක්කල් පමණයි. යම් දවසක මේ විඤ්ඤාණය කියන්නේ කුමක්ද කියලා තමා තුළින් දැනගත්තා නම් එදාට විඤ්ඤාණයෙන් නිදහස් වෙනවා.

විඤ්ඤාණය හටගන්නේ නාමරූප ප්‍රත්‍යයෙන් **(නාමරූප පච්චයා විඤ්ඤාණං)**. ඒ වගේම නාමරූප හටගන්නේ විඤ්ඤාණය ප්‍රත්‍යයෙන් **(විඤ්ඤාණ පච්චයා නාමරූපං)**. විඤ්ඤාණයත් නාමරූපත් එකිනෙකට හේතු වෙච්ච එකිනෙකට උපකාර වෙච්ච දේවල් හැටියටයි බුදුරජාණන් වහන්සේ පෙන්වා දීලා තියෙන්නේ.

විඤ්ඤාණය හේතු නිසා හටගත් දෙයක් නිසා හේතුව නැතිකිරීමෙන් ඵලය නැතිකිරීමේ ධර්මතාවය තුළින් විඤ්ඤාණය නිරුද්ධ කරන්න පුළුවන්.

තණ්හාව නැතිතැන පුනර්භවයක් කොයින්ද...?

විඤ්ඤාණයත් අයිති සක්කායට. සක්කාය කිව්වේ රූප, වේදනා, සඤ්ඤා, සංඛාර, විඤ්ඤාණ කියන පංච උපාදානස්කන්ධයයි. මෙය හටගන්න හේතුව තමයි තණ්හාව. මෙය නිරුද්ධ කරන්න නම් තණ්හාව නිරුද්ධ කරන්න ඕනේ. තණ්හාව නිරුද්ධ කළ උත්තමයාට තමයි රහතන් වහන්සේ කියලා කියන්නේ. රහතන් වහන්සේ පිරිනිවන්පාන විට ඒ විඤ්ඤාණයට පවතින්න හේතුවක් නැහැ. ඒකට හේතුව විඤ්ඤාණයේ පැවැත්මට හේතු වූ තණ්හාව රහතන් වහන්සේ තුළ නැති නිසයි. තණ්හාව ප්‍රහාණය වෙලා නම් පුනර්භවය හදලා දෙන්න දෙයක් නැහැ. ඒ නිසා හරියට පහන් සිලක් නිවී යන්නා සේ ඒ විඤ්ඤාණය නිරුද්ධ වෙලා යනවා.

එතකොට විඤ්ඤාණය කියලා කියන්නේ ස්ථිර දෙයක් නෙවෙයි. ස්ථිර දෙයක් නම් හේතුව අයින් කළ විට ඵලය නැතිවෙලා යන්නේ නැහැ. විඤ්ඤාණය අස්ථිර වූ දෙයක් නිසයි විඤ්ඤාණයෙන් නිදහස් වෙන්න පුළුවන් වුණේ.

විසි ආකාර වූ සක්කාය දිට්ඨියෙන් මිදෙමු...

රූප, වේදනා, සඤ්ඤා, සංඛාර, විඤ්ඤාණ යන පහ පිළිබඳ හතර ආකාරයට මුලාවෙන් දැකීම තමයි විසි ආකාර සක්කාය දිට්ඨිය කියන්නේ. දැන් තේරුම් ගන්න ආත්ම

දෘෂ්ටිය තියෙන්නේ පංච උපාදානස්කන්ධය අවබෝධ කරනකල් විතරයි. පංච උපාදානස්කන්ධය අවබෝධ කළා කියන්නේ ආත්ම දෘෂ්ටියෙන් මිදුණා කියන එකයි. කෙනෙකුට සෝවාන් වෙන්න අවශ්‍ය නම් කළ යුත්තේ මේ ලක්ෂණ තමන් තුළ ඇතිකර ගැනීමයි.

ඊළඟට විසාඛ උපාසකතුමා ඇසුවා "පින්වත් ආර්යාවෙනි, සක්කාය දිට්ඨිය නැතිවෙන්නේ කොහොම ද?" කියලා. උත්තරය වුණේ,

"ආර්යන් වහන්සේලා දකින, ආර්ය ධර්මයෙහි දක්ෂ, ආර්ය ධර්මයෙහි හික්මුණ, සත්පුරුෂයන් වහන්සේලා දකින, සත්පුරුෂ ධර්මයෙහි දක්ෂ, සත්පුරුෂ ධර්මයෙහි හික්මුණ ශ්‍රැතවත් ආර්ය ශ්‍රාවකයා තමා අසන ලද ධර්මයෙහි හැසිරීම තුළින්, එම ධර්මය පුහුණු කිරීම තුළින් මෙන්න මේ ආකාරයට දකිනවා. ඒ කියන්නේ,

මුලාවේ කඩතුරා ඉරා දමන්න...

රූපය ආත්මය හැටියට දකින්නේ නෑ (**න රූපං අත්තනෝ සමනුපස්සති**) එයට හේතුව තමයි එයා සද්ධර්මය අහලා රූපයේ ඇත්ත තත්වය දන්නවා. 'රූපවන්ත වූ ආත්මයක් තියෙනවා' කියලා දකින්නෙත් නැහැ (**න රූපවන්තං වා අත්තානං**). 'ආත්මය තුළ රූපය තියෙනවා' කියලා දකින්නෙත් නැහැ (**න අත්තනි වා රූපං**). 'රූපය තුළ ආත්මයක් තියෙනවා' කියලා දකින්නෙත් නැහැ (**න රූපස්මිං වා අත්තානං**). සද්ධර්මය තුළින් තේරුම් ගත්තු නිසා රූපය කියන්නේ මොකක්ද කියලා ශ්‍රැතවත් ආර්ය ශ්‍රාවකයා දන්නවා. එම නිසා මේ ආකාරයට එයා රූපයට මුළාවෙන්නේ නැහැ.

ඒ වගේම එයා රූප, වේදනා, සඤ්ඤා, සංඛාර, විඤ්ඤාණ කියන පංච උපාදානස්කන්ධය පිළිබඳ ඇත්ත තත්වය තමා තුළින් දැක්ක නිසා වේදනාව ආත්මය වශයෙන් ගන්නෙත් නෑ. සඤ්ඤාව ආත්මය වශයෙන් ගන්නෙත් නෑ. සංඛාර ආත්මය වශයෙන් ගන්නෙත් නෑ. විඤ්ඤාණය ආත්මය වශයෙන් ගන්නෙත් නෑ.

සිහිය නුවණ අත්‍යවශ්‍යයි...

අපි කවුරුත් මේවා ගැන කතා කරනවා. නමුත් මේ කියපු රූපය, වේදනාව, සඤ්ඤාව, සංඛාර, විඤ්ඤාණය පිළිබඳ තේරුම් ගන්න හොඳ සතියක් (සිහියක්) නුවණක් ඕනේ. සතර සතිපට්ඨානය වඩන්න ඕනේ. ඒ කියන්නේ ආර්ය අෂ්ටාංගික මාර්ගය තමන්ගේ ජීවිතයට සම්බන්ධ කරගන්න ඕනේ. එතකොටයි මෙය තේරුම් යන්න පටන් ගන්නේ. ඒ කෙනා තමයි පංච උපාදානස්කන්ධය පිළිබඳ ඇත්ත තත්වය දැකලා පංච උපාදානස්කන්ධය පිළිබඳ මුලාවෙන් මිදෙන්නේ.

අපි දන්නවා පංච උපාදානස්කන්ධය පිළිබඳ මුලාව තමයි සක්කාය දිට්ඨිය කියලා කියන්නේ. පංච උපාදානස්කන්ධය පිළිබඳ මුලාවෙලා ඉන්න කෙනා තමයි පෘථග්ජන කෙනා. පංච උපාදානස්කන්ධය පිළිබඳ මුලාවෙන් මිදුණා නම් එයා පෘථග්ජන නෙවෙයි. මෙය මහමෙර අනෙක් පැත්ත හරවනවා වගේ අමාරු එකක් නොවෙයි. ඒ මොකද, බුදුරජාණන් වහන්සේගේ ධර්මය තුළ අඩු නැතුව ඒ සඳහා වැඩපිළිවෙලක් පෙන්වා දීලා තියෙනවා. උන්වහන්සේ දේශනා කරනවා "මේ ඇස, කණ, නාසය, දිව, ශරීරය, මනස, ස්කන්ධ, ධාතු, ආයතන වශයෙන් බෙදලා, සිතින් වෙන් කර කර, අනිත්‍ය වශයෙන්,

අනාත්ම වශයෙන්, රෝග වශයෙන්, උල් වශයෙන්, අනුන්ට අයිති දෙයක් වශයෙන් හැම තිස්සේම නුවණින් බලන්න" කියලා. මේ ආකාරයට නිතර නිතර මෙනෙහි කර කර බලන්න පටන් ගත්තට පස්සේ තමයි මේවායේ යථාර්ථය තේරෙන්න ගන්නේ. එහෙම නැතුව භාවනා කර කර ඉන්නකොට ලයිට් එකක් පත්තු වෙනවා වගේ අවබෝධ වෙන දෙයක් නෙවෙයි.

ආර්ය අෂ්ටාංගික මාර්ගයත් සංඛතයක්...

ඊළඟට විසාඛ උපාසකතුමා අහනවා "පින්වත් ආර්යාවෙනි, අෂ්ටාංගික මාර්ගය කියන්නේ මොකක්ද?" කියලා. ඉතින් මෙහෙණින් වහන්සේ පිළිතුරු වශයෙන් සම්මා දිට්ඨි ආදී අංග අටෙන් යුතු ආර්ය මාර්ගය ගැන එතුමාට පවසා සිටියා.

ඊළඟට විසාඛ උපාසකතුමා අහනවා "පින්වත් ආර්යාවෙනි, මේ ආර්ය අෂ්ටාංගික මාර්ගය හේතුඵල දහමින් සකස් වෙච්ච එකක්ද එහෙම නැත්නම් හේතුඵල දහමින් මිදිච්ච එකක්ද?" කියලා. ඒ කියන්නේ සංඛතයක්ද අසංඛතයක්ද? කියලා ඇසුවා.

"පින්වත් විසාඛ, මේ ආර්ය අෂ්ටාංගික මාර්ගය සකස් වෙච්ච එකක්. සකස් කරගන්න එකක්" කියලා පිළිතුරු දුන්නා. මේ මාර්ගඵල ලාභී උත්තමයන් වහන්සේලා මේ වගේ ප්‍රශ්න අහන්නේ අප මුලාවීම වළක්වන්න. අපව මුලාවෙන් නිදහස් කරවන්න. ආර්ය අෂ්ටාංගික මාර්ගය කියන්නේ සකස්වෙච්ච දෙයක් නිසා අපටත් පුළුවන් ආර්ය අෂ්ටාංගික මාර්ගය අප තුළ සකස් කරගන්න. යම් හෙයකින් ආර්ය අෂ්ටාංගික මාර්ගය කියන්නේ සකස් නොවුණු දෙයක් නම් කවදාවත් අපට ආර්ය අෂ්ටාංගික

මාර්ගය වඩලා සසරෙන් නිදහස් වෙන්න නම් ලැබෙන්නේ නැහැ.

සීල සමාධි ප්‍රඥාද..? ප්‍රඥා සීල සමාධිද..?

ඊළඟට විසාඛ උපාසකතුමා අහනවා "පින්වත් ආර්යාවෙනි, සීල, සමාධි, ප්‍රඥා තුන තියෙන්නේ ආර්ය අෂ්ටාංගික මාර්ගයේද එහෙම නැත්නම් සීල, සමාධි, ප්‍රඥා තුනේද ආර්ය අෂ්ටාංගික මාර්ගය තියෙන්නේ?" කියලා. "පින්වත් විසාඛය, ආර්ය අෂ්ටාංගික මාර්ගයෙන් සීල, සමාධි, ප්‍රඥා තුන සැදුණා නෙවෙයි. සීල, සමාධි, ප්‍රඥා තුනෙන් තමයි ආර්ය අෂ්ටාංගික මාර්ගය හදන්නේ" කියලා මෙහෙණින් වහන්සේ පිළිතුරු දුන්නා.

මේ කරුණ නොදන්නා අය "සීල, සමාධි, ප්‍රඥා කියලා තුනක් නැහැ. තියෙන්නේ ප්‍රඥා, සීල, සමාධි" කියලා පොත්පත් වල පවා ලියලා තියෙනවා. ඒ මොකද, ප්‍රඥා ස්කන්ධයට අයිතිවෙන සම්මා දිට්ඨිය මුලින්ම තියෙන නිසා ඒ අය හිතන්නේ ප්‍රඥාව ඉස්සෙල්ලා ඕනේ කියලයි. ඊළඟට සීලය එන්න ඕනේ කියලයි. ඉන්පසුවයි සමාධිය කියලා තමයි ඒ අය හිතාගෙන ඉන්නේ. නමුත් ධර්මයේ පෙන්වා දෙන්නේ සීල, සමාධි, ප්‍රඥා තුන තුළ තමයි ආර්ය අෂ්ටාංගික මාර්ගය සකස් වෙන්නේ කියලයි. මේ දේශනයේදී ධම්මදින්නා තෙරණිය තවදුරටත් පවසා සිටිනවා "පින්වත් විසාඛය, සම්මා වාචා, සම්මා කම්මන්ත, සම්මා ආජීව මේ ධර්ම තුන අයත් වෙන්නේ සීලස්කන්ධයටයි **(යා චාවුසෝ විසාඛ සම්මාවාචා, යෝ ච සම්මාකම්මන්තෝ යෝ ච සම්මා ආජීවෝ, ඉමේ ධම්මා සීලක්ඛන්ධෙ සංගහීතා)** සම්මා වායාම, සම්මා සති, සම්මා සමාධි කියන තුන අයත් වන්නේ සමාධි ස්කන්ධයටයි.

ඒ වගේම සම්මා දිට්ඨි, සම්මා සංකප්ප දෙක ඇතුළත් වෙන්නේ ප්‍රඥා ස්කන්ධයටයි. එතකොට ආර්ය අෂ්ටාංගික මාර්ගය නිසා සීල සමාධි ප්‍රඥා තුන ඇතිවුණා නොවෙයි. සීල, සමාධි, ප්‍රඥා නිසා තමයි ආර්ය අෂ්ටාංගික මාර්ගය හැදුණේ.

සාකච්ඡාව ක්‍රමයෙන් ගැඹුරටම...

ඊළඟට විසාඛ උපාසකතුමා අහනවා "පින්වත් ආර්යාවෙනි, සමාධිය කියන්නේ කුමක්ද, සමාධියට නිමිත්ත (සමාධියට මූලික කාරණය) කුමක්ද, සමාධියට උපකාර වන දේ කුමක්ද සමාධි භාවනා කියන්නේ කුමක්ද?" කියලා.

ධම්මදින්නා තෙරණිය පිළිතුරු දෙනවා "සිතේ යම් එකඟබවක් ඇද්ද ඒක තමයි සමාධිය. ආනාපානසති භාවනාව හෝ මෛත්‍රී භාවනාව හෝ අසුභ භාවනාව හෝ අනිත්‍ය සංඥාව හෝ මොකක් හරි භාවනාවක් තුළ හිත බාහිර අරමුණකට විසිරෙන්න නොදී ඒ භාවනා අරමුණ තුළ දිගටම රඳවාගෙන ඉන්න පුළුවන්කම තමයි සමාධිය කියලා කියන්නේ. සමාධියට නිමිත්ත එහෙමත් නැත්නම් සමාධියට මූලික කාරණය තමයි සතර සතිපට්ඨානය. සතර සතිපට්ඨානය කියන්නේ කායානුපස්සනාව, වේදනානුපස්සනාව, චිත්තානුපස්සනාව හා ධම්මානුපස්සනාව. මේ සියල්ලම සතර සතිපට්ඨානයයි. එය තමයි සමාධියට නිමිත්ත. සමාධියට වුවමනා කරන උපකාරක ධර්මය (සමාධි පරිෂ්කාර) කියන්නේ සතර සම්‍යක් ප්‍රධාන වීරියයි. එනම්,

1. උපන් අකුසල් දුරු කිරීමට තියෙන වීරිය.
2. නූපන් අකුසල් නූපදවීමට තියෙන වීරිය.

3. නූපන් කුසල් උපදවා ගැනීමට කරන වීරිය.
4. උපන් කුසල් වැඩි දියුණු කිරීමට තියෙන වීරිය.

සමාධි භාවනාව...

ඒ සඳහා අකුසලයයි, කුසලයයි තේරුම් ගන්න ඕනේ. 'කුසලය කුමක්ද අකුසලය කුමක්ද?' කියලා දන්නේ නැත්නම් දියුණු කරන්න ඕන දෙය අත්හරිනවා. අත්හරින්න ඕන දේ දියුණු කරනවා. ධර්ම මාර්ගය වඩන කෙනෙකුට කාම සංකල්පය ප්‍රහාණය කළ යුතු දෙයක්. ව්‍යාපාද සංකල්පය ප්‍රහාණය කළ යුතු දෙයක්. විහිංසා සංකල්ප ප්‍රහාණය කළ යුතු දෙයක්. නෙක්ඛම්ම සංකල්පය ප්‍රගුණ කළයුතු දෙයක්. අව්‍යාපාද අවිහිංසා සංකල්ප ප්‍රගුණ කළයුතු දේවල්. නිරන්තරයෙන්ම තමාගේ සිතට අකුසල ධර්මයන්ට එන්න නොදී රැකගෙන තමයි සතිපට්ඨානය වඩන්න තියෙන්නේ. ඒ සතර සතිපට්ඨානයම යළි යළි බහුල වශයෙන් පුරුදු කිරීම තමයි සමාධි භාවනාව කියලා කියන්නේ.

සංඛාර පිළිබඳ පටළැවිල්ල ලිහාගන්න...

ඊළඟට විසාඛ උපාසකතුමා අහනවා "පින්වත් ආර්යාවෙනි, සංඛාර කියන්නේ මොනවාද?" කියලා.

මෙම දේශනයේදී ධම්මදින්නා තෙරණිය සංඛාර වර්ග තුනක් පිළිබඳව සඳහන් කළා. ඒ තමයි කාය සංඛාර, වචී සංඛාර හා චිත්ත සංඛාර.

බුදුරජාණන් වහන්සේගේ ධර්මය තුළ සංඛාර කියන වචනය අර්ථ කිහිපයක් ඔස්සේ භාවිතා කරලා තියෙනවා.

පංච උපාදානස්කන්ධයේදී 'සංඛාර' කියන වචනය හඳුන්වාදී තිබෙන්නේ මෙහෙමයි. **"(ඡයිමේ භික්ඛවේ, චේතනාකායා, රූප සඤ්චේතනා, සද්දසඤ්චේතනා, ගන්ධ**

සඤ්චේතනා, රසසඤ්චේතනා, ඵොට්ඨබ්බ සඤ්චේතනා, ධම්මසඤ්චේතනා, ඉමේ වුච්චන්ති භික්ඛවේ, සංඛාරා) පින්වත් මහණෙනි, මේ චේතනාවනුත් සය ආකාරයි. ඒ කියන්නේ රූප පිළිබඳව චේතනා ඇතිවෙනවා. ශබ්ද පිළිබඳව චේතනා ඇතිවෙනවා. ගඳ සුවඳ පිළිබඳව චේතනා ඇතිවෙනවා. රස පිළිබඳව චේතනා ඇතිවෙනවා. පහස පිළිබඳව චේතනා ඇතිවෙනවා. අරමුණු පිළිබඳව චේතනා ඇතිවෙනවා යන හයයි. පින්වත් මහණෙනි, සංස්කාර කියන්නේ මෙයටයි."

එමෙන්ම හේතු ප්‍රත්‍යයෙන් හටගත් ඕනෑම දෙයකට 'සංඛාර' යන වචනය යෙදේ. **(සබ්බේ සංඛාරා අනිච්චාති, යදා පඤ්ඤාය පස්සති)** යන ගාථාවෙන් කියැවෙන්නේ එයයි. ඒ කියන්නේ" යම් කලෙක හේතු ප්‍රත්‍යයෙන් හටගත් හැම දෙයක්ම අනිත්‍ය වශයෙන් බලනවා නම්" කියලයි. එතකොට එතැනදී සංඛාර කියන්නේ හේතුඵල දහම තුළ ඇති සියලු දෙයටයි.

ඒ වගේම තෘෂ්ණාවටත් 'සංඛාර' කියන වචනය යොදා තියෙන තැනක් අපට හමුවෙනවා. එතැන තිබෙන්නේ **(අවිජ්ජා සම්ඵස්සජේන භික්ඛවේ, වේදයිතේන ඵුට්ඨස්ස උප්පජ්ජති තණ්හා. තතෝ ජෝ සෝ සංඛාරෝ)** කියලයි. ඒ කියන්නේ "අවිද්‍යා සහගත ස්පර්ශයෙන් යුතු විඳීමකින් පහස ලබන කෙනාට තණ්හාව ඇතිවෙනවා. එයින් තමයි ඒ සංස්කාරය හටගන්නේ" කියලයි. එතකොට එතැනදී සංඛාර කියලා කිව්වේ තණ්හාවටයි.

පටිච්ච සමුප්පාදයේ සංඛාර...

විශේෂයෙන් විභංග සූත්‍රයේදී පටිච්ච සමුප්පාදය විස්තර කිරීමේදී සංඛාර විස්තර කර තිබෙන්නේ 'කාය සංඛාර, වචී සංඛාර හා චිත්ත සංඛාර' කියලයි.

"**(කතමේ ච භික්ඛවේ සංඛාරා? තයෝ මේ භික්ඛවේ, සංඛාරා කායසංඛාරෝ, වචීසංඛාරෝ, චිත්තසංඛාරෝ. ඉමේ වුච්චන්ති භික්ඛවේ, සංඛාරා)** පින්වත් මහණෙනි, සංස්කාර කියලා කියන්නේ මොකක්ද? පින්වත් මහණෙනි, මේ සංස්කාර තුන් ආකාරයි. කාය සංස්කාර, වචී සංස්කාර, චිත්ත සංස්කාර කියන මේවාට තමයි පින්වත් මහණෙනි, සංස්කාර කියලා කියන්නේ."

පටලවා ගන්න එපා...

සමහරු මෙය කර්මය හැටියට පටලවා ගන්නවා. ඒ අය මෙය "කාය කර්ම, වචී කර්ම, චිත්ත කර්ම" කියලා තෝරනවා. නමුත් බුදුරජාණන් වහන්සේගේ දේශනා තුළ කාය කර්ම, වචී කර්ම, මනෝ කර්ම කියලා මිසක් කාය කර්ම, වචී කර්ම, චිත්ත කර්ම කියලා හැඳින් වූ තැනක් කිසිම බුද්ධ දේශනාවක නැහැ. පැහැදිලිව "කාය සංඛාර කියන්නේ ආශ්වාස ප්‍රශ්වාසයට, වචී සංඛාර කියන්නේ විතක්ක විචාර වලට, චිත්ත සංඛාර කියන්නේ සඤ්ඤා වේදනාවට" කියලා හඳුන්වලා තියෙනවා. සමහරු හිතාගෙන ඉන්නවා 'කාය සංඛාර, වචී සංඛාර හා චිත්ත සංඛාර පටිච්ච සමුප්පාදයට අයිති නැහැ' කියලා. රහත් නොවූ කෙනෙකුට පටිච්ච සමුප්පන්න නොවූ කයක්, පටිච්ච සමුප්පන්න නොවූ විතක්ක විචාර, පටිච්ච සමුප්පන්න නොවූ සඤ්ඤා වේදනා කොයින්ද? බුදුරජාණන් වහන්සේ දේශනා කළ ඔය විවිධත්වය අපි තේරුම් ගත යුතුමයි.

සංඛාර පිළිබඳ තවත් පරියායක්...

ඒ වගේම 'සංඛාර' කියන වචනය පුඤ්ඤාභි සංඛාර, අපුඤ්ඤාභි සංඛාර හා ආනෙඤ්ජාභි සංඛාර

කියලා සංයුත්ත නිකායේ පරිවීමංසන සූත්‍රයේදී පැහැදිලිව තෝරා තිබෙන අවස්ථාවකුත් තියෙනවා.

"(අවිජ්ජාගතෝයං භික්ඛවේ, පුරිසපුග්ගලෝ පුඤ්ඤං චේ සංඛාරං අභිසංඛරෝති, පුඤ්ඤෝපගං හෝති විඤ්ඤාණං. අපුඤ්ඤං චේ සංඛාරං අභිසංඛරෝති, අපුඤ්ඤෝපගං හෝති විඤ්ඤාණං. ආනෙඤ්ජං චේ සංඛාරං අභිසංඛරෝති, ආනෙඤ්ජූපගං හෝති විඤ්ඤාණං) පින්වත් මහණෙනි, අවිද්‍යාව තුළ ඉන්න මේ පුද්ගලයා යම් හෙයකින් රැස්කරන්නේ පුණ්‍ය වූ සංස්කාරයක් නම් විඤ්ඤාණය ඒ පිනට අනුව සකස් වෙනවා. යම් හෙයකින් රැස්කරන්නේ අපුණ්‍ය වූ සංස්කාරයක් නම් විඤ්ඤාණය ඒ පවට අනුව සකස් වෙනවා. යම් හෙයකින් රැස්කරන්නේ ආනෙඤ්ජ වූ සංස්කාරයක් නම් විඤ්ඤාණය ඒ ආනෙඤ්ජයට අනුව සකස් වෙනවා. (මෙහි ආනෙඤ්ජ සංස්කාර යනු ධ්‍යාන වලින් හටගන්නා කර්මයට කියන නමකි)

තව තැනක සංඛාර කියන වචනය යෙදිලා තියෙනවා. එය තිබෙන්නේ සංයුත්ත නිකායේ ඛජ්ජනීය සූත්‍රයේ.

සංඛතයේ අභිසංස්කරණය...

"(කිඤ්ච භික්ඛවේ, සංඛාරේ වදේථ සංඛතං අභිසංඛරොන්තීති භික්ඛවේ, තස්මා සංඛාරාති වුච්චන්ති. කිඤ්ච සංඛතං අභිසංඛරොන්ති, රූපං රූපත්තාය සංඛතං අභිසංඛරොන්ති, වේදනං වේදනත්තාය සංඛතං අභිසංඛරොන්ති, සඤ්ඤං සඤ්ඤත්තාය සංඛතං අභිසංඛරොන්ති, සංඛාරේ සංඛාරත්තාය සංඛතං

අභිසංඛරොන්ති, විඤ්ඤාණං විඤ්ඤාණත්තාය සංඛතං අභිසංඛරොන්ති. සංඛතං අභිසංඛරොන්තීති ඛෝ භික්ඛවේ, තස්මා සංඛාරාති වුච්චන්ති) පින්වත් මහණෙනි, සංස්කාර කියලා කියන්නේ මක්නිසාද? 'හේතුඵල දහමින් සකස්වුණ දෙයක් (සංඛතයක්) නැවත එබඳු දෙයක් පිණිසම විශේෂයෙන් සකස් කරනවා (අභිසංස්කරණය කරනවාය)' යන අර්ථයෙන් තමයි සංස්කාර කියලා කියන්නේ. හේතුඵල දහමින් සකස්වුණ කවර දෙයක් නම් විශේෂයෙන් සකස් කරයිද? රූපය රූපයක් පිණිසමයි සංඛතය අභිසංස්කරණය කරන්නේ. වේදනාව වේදනාවක් පිණිසමයි සංඛතය අභිසංස්කරණය කරන්නේ. සඤ්ඤාව සඤ්ඤාවක් පිණිසමයි සංඛතය අභිසංස්කරණය කරන්නේ. සංස්කාර සංස්කාර පිණිසයි සංඛතය අභිසංස්කරණය කරන්නේ. විඤ්ඤාණය විඤ්ඤාණයක් පිණිසමයි සංඛතය අභිසංස්කරණය කරන්නේ. පින්වත් මහණෙනි, හේතුඵල දහමින් සකස්වුණ දෙයක් (සංඛතයක්) නැවත එබඳු දෙයක් පිණිසම විශේෂයෙන් සකස් කරනවා (අභිසංස්කරණය කරනවා) ය යන අර්ථයෙන් තමයි සංස්කාර කියලා කියන්නේ."

සංඛතයක් කියන්නේ හේතුඵල දහමින් සකස් වූ දෙයට කියන නමක්. ඒ හේතුඵල දහමින් සකස් වූ සංඛතය නැවත සංඛතයක් වීම පිණිස විශේෂයෙන් සකස් කරනවා යන අරුතින් සංඛාර යන වචනය තෝරනවා. එතැන පංච උපාදානස්කන්ධයම සකස් කරනවා යන අර්ථයෙන් සංඛාර යන වචනය යොදනවා. ඒ නිසා මේ සැදැහැවත් ජනතාවට මේ වචනවල තේරුම් පැහැදිලි කර දීමට අවංක කරුණාවක් තිබිය යුතුයි. නැතිනම් මේවා පටලවාගෙන අවුලක් ඇතිකර ගන්නවා.

අපි ඉගෙන ගන්න මේ දේශනයේදී භාවිතා කරලා තියෙන්නේ කාය සංඛාර, වචී සංඛාර හා චිත්ත සංඛාර කියලයි. මෙතැනදී සංඛාර කියලා කියන්නේ සකස් වෙච්ච දේ කියන අර්ථයෙනුයි.

සංඛාර බෙදා දැක්වීම...

ඊළඟට විසාඛ උපාසකතුමා අහනවා "පින්වත් ආර්යාවෙනි, කාය සංඛාර කියන්නේ මොකක්ද, වචී සංඛාර කියන්නේ මොකක්ද, චිත්ත සංඛාර කියන්නේ මොකක්ද?" කියලා. ධම්මදින්නා මෙහෙණිය මේ විදිහට පිළිතුරු දුන්නා. "කාය සංස්කාර කියන්නේ ආශ්වාස ප්‍රශ්වාස වලටයි. වචී සංස්කාර කියන්නේ විතක්ක විචාර දෙකයි. චිත්ත සංස්කාර කියන්නේ සඤ්ඤා වේදනා දෙකටයි."

ඊළඟට විසාඛ උපාසකතුමා අහනවා "පින්වත් ආර්යාවෙනි, ආශ්වාස ප්‍රශ්වාස දෙක කාය සංඛාර වෙන්නේ ඇයි? විතක්ක විචාර වචී සංඛාර වෙන්නේ ඇයි? සඤ්ඤා වේදනා දෙක චිත්ත සංඛාර වෙන්නේ ඇයි?" කියලා.

ආශ්වාස ප්‍රශ්වාස දෙක කය හා ප්‍රතිබද්ධ වෙලා තියෙන්නේ. ඒ නිසයි ආශ්වාස ප්‍රශ්වාස දෙකට කාය සංඛාර කියලා කියන්නේ. ඊළඟට අපි වචනයක් කතා කරන්න ඉස්සර වෙලා ඒක හිතින් සකස් කරනවා. හිතින් සකස් කරලයි වචනේ කතා කරන්නේ **(විතක්කෙත්වා විචාරෙත්වා වාචං භින්දති)** විතක්ක විචාර කොට වචන බිඳිනවා එහෙම නැත්නම් නිකුත් කරනවා. කොතරම් වේගයෙන් මේ විතක්ක විචාර දෙකට සකස් වෙනවද කියලා අපි වචන කතාකරන වේගය දෙස බැලූ විට හිතා ගන්න පුළුවනි. මේ විදිහට වචනයක් කතා කරන්න ඉස්සර

වෙලා ඒක හිතින් සකස් කරන නිසා තමයි විතක්ක විචාර දෙක වචී සංඛාර කියන්නේ. සඤ්ඤාවත්, වේදනාවත් දෙක අයිති සිතටයි. මේ ධර්මයන් සිත හා බැඳී තියෙන්නේ (**ඒතේ ධම්මා චිත්තපටිබද්ධා**) මේ නිසා සඤ්ඤා, වේදනා දෙක චිත්ත සංඛාර කියලා කියනවා.

නිරෝධ සමාපත්තිය...

ඊළඟට විසාඛ උපාසකතුමා නිරෝධ සමාපත්තිය ගැන අහනවා. නිරෝධ සමාපත්තියට සමවදින්න පුළුවන් වෙන්නේ සමථ විදර්ශනා දෙක ඉහළටම දියුණු කරපු කෙනාටයි. ඒ කියන්නේ එයා සමථ භාවනාවෙන් අෂ්ටසමාපත්ති ලබලා තියෙන්න ඕනේ. විදර්ශනා භාවනාවෙන් අඩු ගානේ අනාගාමී තත්වය දක්වා සිත දියුණු කරලා තියෙන්න ඕනේ. අන්න ඒ කෙනාට තමයි නිරෝධ සමාපත්තියට සමවදින්න පුළුවන්.

විසාඛ උපාසකතුමා "නිරෝධ සමාපත්තියට සමවදින්නේ කොහොමද?" කියලා අසා සිටියා.

"නිරෝධ සමාපත්තියට සමවදින කෙනාට 'මම නිරෝධ සමාපත්තියට සමවදින්නෙමි' කියන අදහසක් එන්නේ නැහැ. 'මම නිරෝධ සමාපත්තියට සමවදිමි' කියන අදහසක් එන්නෙත් නැහැ. 'මම නිරෝධ සමාපත්තියට සමවැදුණා' කියන අදහසක් එන්නෙත් නැහැ. එයා හිත දියුණු කරලා තියෙන්නේ. එයා කලින්ම ඊට අවශ්‍ය කරන විදිහට සිත සකස් කරනවා."

ගැඹුරු සමාධි මට්ටම්...

ඊළඟට විසාඛ උපාසකතුමා අහනවා "නිරෝධ සමාපත්තියට සමවදින කෙනාට පළමුවෙන්ම නිරුද්ධ

වෙන්නේ ආශ්වාස ප්‍රශ්වාසද, නැත්නම් විතක්ක විචාරද, එහෙම නැත්නම් සඤ්ඤා වේදනාවද?" කියලා. එතකොට එතුමිය කියනවා "නිරෝධ සමාපත්තියට සමවැදුණු කෙනාට පළමුවෙන්ම නිරුද්ධ වෙන්නේ විතක්ක විචාරයි. ඒ කියන්නේ හිතින් වචන සකස් කරන ගතිය නැතුව යනවා. ඊට පස්සේ ආශ්වාස ප්‍රශ්වාස දෙක නැතුව යනවා. ඊට පස්සේ සඤ්ඤා වේදනා දෙක නැතුව යනවා" කියලා.

ඊළඟට අහනවා "නිරෝධ සමාපත්තියෙන් නැගීසිටින කොට පළමුවෙන්ම ඇතිවෙන්නේ මොකක්ද?" කියලා. නිරෝධ සමාපත්තියෙන් නැගිටින කොට පළමුවෙන්ම ඇතිවෙන්නේ සඤ්ඤා වේදනා දෙකයි. ඊට පස්සේ ආශ්වාස ප්‍රශ්වාස ඇතිවෙනවා. ඊට පස්සේ තමයි විතක්ක විචාර දෙක ඇතිවෙන්නේ" කියලා ධම්මදින්නා තෙරණිය පිළිතුරු දෙනවා.

ඊළඟට අහනවා "නිරෝධ සමාපත්තියෙන් නැගිට්ටට පස්සේ ඒ කෙනාගේ සිත කවර ස්පර්ශයන්ගෙන් ස්පර්ශ කරනවාද?" කියලා. නිරෝධ සමාපත්තියෙන් නැගී සිටියට පස්සේ ඒ කෙනාගේ හිතට අරමුණුක් සම්බන්ධ වීම දැනෙනවා. ඒ කියන්නේ ස්පර්ශය. ඒ කෙනාට ආකාර තුනක ස්පර්ශ දැනෙනවා.

- පළමු වෙනි ස්පර්ශය තමයි 'මෙහි ආත්මයක් නැති' බව දැනෙනවා. ඒ කියන්නේ **සුඤ්ඤත ස්පර්ශය.**
- ඊළඟට 'රාග ද්වේෂ මෝහාදී නිමිති නැති බව' දැනෙනවා. ඒ කියන්නේ **අනිමිත්ත ස්පර්ශය.**
- ඊළඟට රාග ද්වේෂ මෝහාදී දේවල් වලින් සිත මිදුණු බව දැනෙනවා. ඒ කියන්නේ **අප්පණිහිත ස්පර්ශය.**

ඊළඟට අහනවා "නිරෝධ සමාපත්තියෙන් නැගිට්ටට පස්සේ එයාගේ සිත නැඹුරු වෙලා තියෙන්නේ කුමකටද?" කියලා. එයාගේ සිත සම්පූර්ණයෙන්ම අවනත වෙලා තියෙන්නේ විවේකයට. නැමිල තියෙන්නේ විවේකයට. නැඹුරු වෙලා තියෙන්නේ විවේකයට. **(විවේක නින්නං, විවේක පෝනං, විවේක පබ්භාරං)** මෙහි විවේකය කියලා කියන්නේ රාගයෙන් ද්වේෂයෙන් මෝහයෙන් මිදිච්ච නිසා හිතේ ඇති විවේකයටයි. ඒ කියන්නේ නිවනට නැඹුරු වෙලා තියෙන විවේකයයි.

වේදනාව තුන් ආකාරයි...

ඊළඟට විසාඛ උපාසකතුමා අහනවා "පින්වත් ආර්යාවෙනි, වේදනා කීයක් තියෙනවාද?" කියලා. ධම්මදින්නා මෙහෙණිය පවසනවා "වේදනා තුනක් තියෙනවා. ඒ තමයි සුඛ වේදනා, දුක් වේදනා, අදුක්ඛමසුඛ වේදනා" කියලා. මේ දේශනයේ විස්තර කරනවා සුඛ වේදනා කියලා කියන්නේ කායික මානසික සැපයට කියලා. කායික මානසික දුකට දුක් වේදනාව කියලා කියනවා. කායික මානසික දුක් සැප නැති වේදනාවට අදුක්ඛමසුඛ වේදනා කියලා කියනවා.

එතකොට විසාඛ උපාසකතුමා අහනවා "සැප වේදනාවේ තියෙන සැපය මොකක්ද? සැප වේදනාවේ තියෙන දුක මොකක්ද? දුක් වේදනාවේ තියෙන දුක මොකක්ද? දුක් වේදනාවේ තියෙන සැපය මොකක්ද? අදුක්ඛමසුඛ වේදනාවේ තියෙන සැප මොකක්ද? දුක මොකක්ද?" කියලා.

ධම්මදින්නා තෙරණිය පිළිතුරු දෙනවා. සැප වේදනාවේ සැපය තමයි සැපය (සතුටක් සොම්නසක්)

පැවතීම. යම් සැපයක් සොම්නසක් පවතිනවා නම් ඒක තමයි සැප වේදනාවේ තියෙන සැපය. ඒ සතුට සොම්නස නැතුව යෑම තමයි සැප වේදනාවේ තියෙන දුක. උදාහරණයක් විදිහට අපි හිතමු ජීවිත කාලයටම සමාධියක් ඇතිවෙච්ච නැති කෙනෙකු භාවනා කරන්න පටන් ගන්නවා. ඉතින් මෙයාට විනාඩි පහක් පමණ හොඳ සමාධියක් ඇතිවෙනවා. මේ සමාධිය නිසා එයාගේ සිතට මහත් සැපයක් ඇතිවෙනවා. ඒක තමයි සැප වේදනාවේ තියෙන සැපය. ඉතින් මේ සැපයෙන් හිටපු සමාධිය විනාඩි පහෙන් නැතිවෙලා ගිය ගමන්ම "අනේ මට සමාධිය පවත්වාගන්න බැරිවුණානේ" කියලා ඒ සැපය අහිමිවීම නිසා දුකට පත්වෙනවා. ඒක තමයි සැප වේදනාවේ දුක.

දුක් වේදනාවේ දුක...

දුක් වේදනාවේ තියෙන දුක තමයි දුක් වේදනාව (දුකක් දෝමනස්සයක්) පැවතීම. දුක් වේදනාවේ සැපය තමයි ඒ දුක් වේදනාව නැති වී යෑම.

අදුක්ඛමසුඛ වේදනාවේ සැපය තමයි අදුක්ඛමසුඛ වේදනාව පිළිබඳ ඇතිවන අවබෝධ ඤාණය. තමාට ඇති අදුක්ඛමසුඛ වේදනාව පිළිබඳව අවබෝධයක් තියෙනවා නම් විතරයි ඒ කෙනාට එයින් සැපයක් ඇතිවෙන්නේ. අදුක්ඛමසුඛ වේදනාව පිළිබඳ තියෙන දුක තමයි ඒ වේදනාව පිළිබඳ නොදැනීම.

ඊළඟට ඇසුවා "ආර්යාවෙනි, සැප වේදනාවේදී සිතේ පවතින්නේ මොන ක්ලේශයක්ද, දුක් වේදනාවේදී සිතේ පවතින්නේ මොන ක්ලේශයක්ද, අදුක්ඛමසුඛ වේදනාවේදී සිතේ පවතින්නේ මොන ක්ලේශයක්ද?" පිළිතුර තමයි, "සැප වේදනාවේදී සිතේ පවතින්නේ

රාගයයි. දුක් වේදනාවේදී සිතේ පවතින්නේ පටිඝයයි. අදුක්ඛමසුඛ වේදනාවේදී සිතේ පවතින්නේ අවිද්‍යාව."

සියලු වේදනා තුළ ආශ්‍රව වැඩෙනවාද...?

ඊළඟට ඇසුවා "මේ සියලුම සැප වේදනා කෙරෙහි රාගය පවතිනවාද, සියලුම දුක් වේදනා කෙරෙහි පටිඝය පවතිනවාද, සියලුම උපේක්ෂා වේදනා කෙරෙහි අවිද්‍යාව පවතිනවාද?" පිළිතුරු තමයි, "සියලු සැප වේදනා කෙරෙහි රාගය පවතින්නේ නැහැ. සියලු දුක් වේදනා කෙරෙහි පටිඝය පවතින්නේ නැහැ. සියලු උපේක්ෂා වේදනා කෙරෙහි අවිද්‍යාව පවතින්නේ නැහැ."

ඊළඟට ඇසුවා "සැප වේදනාවේ ප්‍රහාණය කළ යුත්තේ කුමක්ද, දුක් වේදනාවේ, අදුක්ඛමසුඛ වේදනාවේ ප්‍රහාණය කළ යුත්තේ කුමක්ද?" පිළිතුර තමයි, "සැප වේදනාවේ රාගය ප්‍රහාණය කළ යුතුයි. දුක් වේදනාවේ පටිඝය ප්‍රහාණය කළ යුතුයි. අදුක්ඛමසුඛ වේදනාවේ අවිද්‍යාව ප්‍රහාණය කළ යුතුයි."

ඊළඟට ඇසුවා "සියලුම සැප වේදනාවල රාගය ප්‍රහාණය කළ යුතුද, සියලුම දුක් වේදනාවල රාගය ප්‍රහාණය කළ යුතුද, සියලුම උපේක්ෂා වේදනාවල රාගය ප්‍රහාණය කළ යුතුද?" පිළිතුර තමයි "කෙනෙක් ප්‍රථම ධ්‍යානය උපදවාගන්නවා. ප්‍රීති සුඛය ඇති ප්‍රථම ධ්‍යානය වඩනකොට එයාට තියෙන්නේ සැප වේදනාවක්. ඒ ප්‍රථම ධ්‍යානය මුල් කරගෙන එයා රාගයෙන් සිත මුදවා ගන්නවා. එතකොට ප්‍රථම ධ්‍යානයේ සැපයට තියෙන රාගය ඔහුට ක්ලේශයක් වෙන්නේ නැහැ."

කෙලෙස් හටනොගන්නා දුක...

ඊළඟට මේ ශාසනයෙහි මහණ වෙලා ඉන්න කෙනෙක් මේ විදිහට කල්පනා කරනවා. 'මාර්ගඵල ලාභී උත්තමයන් වහන්සේලා මාර්ගඵල ලබනවා. ධ්‍යාන සමාපත්ති ලාභීන් වෙනවා. සසරින් මිදෙනවා. රහත් වෙනවා. අනේ ... මම කවදාද සියලු කෙලෙසුන්ගෙන් මිදෙන්නේ? මම කවදාද මාර්ගඵල අවබෝධයක් ඇති කරගන්නේ?' කියලා. ඒ නිසා මෙයාගේ සිතට දුකක් දොම්නසක් ඇතිවෙනවා. නමුත් ඒ දුක ඇතිවෙන්නේ පටිඝයක් වශයෙන් නොවෙයි. එයා ඒ දුක් වේදනාව මුල්කරගෙන පටිඝය දුරු කරන්න සුදනම් වෙනවා. ඒ මොකද, එයා දන්නවා 'කාමරාග, පටිඝ, රූප රාග ආදී කෙලෙස් තමයි දුරු කරන්න තියෙන දුක" කියලා. ඒ අවස්ථාවේදී මාර්ගඵල නොලැබීම ගැන ඔහුගේ හිතේ ඇතිවෙලා තියෙන පටිඝය ඔහුට ක්ලේශයක් බවට පත්වෙන්නේ නැහැ".

ඊළඟට ධම්මදින්නා මෙහෙණිය දේශනා කරනවා "හැම උපේක්ෂාවකම අවිද්‍යාව දුරු කළ යුතු නැහැ" කියලා. කෙනෙක් හතරවන ධ්‍යානය දක්වා හිත දියුණු කිරීමේදී ඇතිවෙන උපේක්ෂාවක් තියෙනවා. ඒ උපේක්ෂාව මුල් කරගෙන එයා අවිද්‍යාව ප්‍රහාණය කරනවා. ඒ නිසා ඒ උපේක්ෂාව තුළ තියෙන අවිද්‍යාව ඔහුට ක්ලේශයක් බවට පත්වෙන්නේ නැහැ."

ඊළඟට අහනවා "සැපයට සුඛ වේදනාවට විරුද්ධ මොකක්ද?" පිළිතුරු දෙනවා "සැපයට විරුද්ධ දුක." "දුකට විරුද්ධ කුමක්ද?" "දුකට විරුද්ධ සැප." "උපේක්ෂාවට විරුද්ධ කුමක්ද?" "උපේක්ෂාවට විරුද්ධ අවිද්‍යාව" "අවිද්‍යාවට විරුද්ධ කුමක්ද?" "අවිද්‍යාවට විරුද්ධ විද්‍යාව."

මේ බුදු සසුනෙම නිවන් දකින්නට...

ඊළඟට අහනවා "විද්‍යාවක් තියෙනවා නම් විද්‍යාව ළඟට තියෙන්නේ කුමක්ද?" "විද්‍යාව ළඟට තියෙන්නේ විමුක්තිය. විමුක්තිය ළඟට තියෙන්නේ නිවන." අනතුරුව විසාඛ උපාසකතුමා "නිවන ළඟට තියෙන්නේ මොකක්ද?" කියලා ඇසූවිට ධම්මදින්නා භික්ෂුණිය කියනවා "නිවන ළඟට තියෙන දේ අහන්න එපා. එතැනින් පස්සේ කිසි දෙයක් නැහැ. මත්තට තවත් කරන්න දෙයක් ඉතිරිවෙලා නැහැ. මේ බුද්ධ ශාසනය තියෙන්නේ නිවන ඉලක්ක කරලා. නිවන අරමුණු කරලා. සම්පූර්ණයෙන් නිවනට යොමුවෙලයි". ඉතින් මෙතැනින් මෙම ධර්ම සාකච්ඡාව අවසන් වුණා.

විසාඛ උපාසකතුමා සතුටට පත්ව ධම්මදින්නා තෙරණියට වැඳ නමස්කාර කරලා පිටත්වුණා. පසුව බුදුරජාණන් වහන්සේ හමුවට ගිහින් මේ ඇතිවුණ සාකච්ඡාව ප්‍රකාශ කළා. බුදුරජාණන් වහන්සේත් "සාදු! සාදු!" කියලා ධම්මදින්නා මෙහෙණියගේ ප්‍රඥාවට ප්‍රශංසා කරමින් මෙම දේශනය අනුමත කොට වදාළා.

ඔබටත් මේ ගෞතම බුද්ධ සාසනය තුළදීම උතුම් නිවනින් සැනසීම ලැබෙත්වා! චතුරාර්ය සත්‍යය ධර්මය වහ වහා අවබෝධ කර ගනිත්වා!

සාදු! සාදු!! සාදු!!!

නමෝ තස්ස භගවතෝ අරහතෝ සම්මාසම්බුද්ධස්ස
ඒ භාග්‍යවත් අරහත් සම්මා සම්බුදුරජාණන් වහන්සේට නමස්කාර වේවා!

02.
මහා වේදල්ල සූත්‍රය

(මජ්ඣිම නිකාය 1 - චූළ යමක වර්ගය)

ශ්‍රද්ධාවන්ත පින්වතුනි,

දැන් අපි ඉගෙන ගන්නේ 'මහා වේදල්ල සූත්‍රය.' කලින් අපි ඉගෙන ගත්තේ 'චූළ වේදල්ල සූත්‍රය.' වේදල්ල කියන වචනය දැන් ඔබ දන්නවා. මේ දේශනාවත් දීර්ඝ සාකච්ඡාමය දේශනයක්. මේ සාකච්ඡාව සිදුවෙන්නේ මහා කොට්ඨිත මහරහතන් වහන්සේ හා සාරිපුත්ත මහ රහතන් වහන්සේ අතරයි.

මේ දේශනාව සිදුකරන දවස්වල බුදුරජාණන් වහන්සේ වැඩසිටියේ සැවැත් නුවර දෙව්රම් වෙහෙරෙයි. මහා කොට්ඨිත රහතන් වහන්සේ විසින් සාරිපුත්ත රහතන් වහන්සේගෙන් තමයි ප්‍රශ්න අහන්නේ. සාරිපුත්ත මහරහතන් වහන්සේ ඒවාට පිළිතුරු දෙනවා.

ප්‍රඥාව නැති කෙනාගේ තතු...

කොට්ඨිත රහතන් වහන්සේ පළමුවෙන්ම අහනවා "ප්‍රඥාව නැති කෙනා, ප්‍රඥාව නැති කෙනා (**දුප්පඤ්ඤෝ දුප්පඤ්ඤෝ**) කියලා කියනවා. ප්‍රිය ආයුෂ්මතුනි, කුමන කාරණයකින්ද මේ නුවණ නැති කෙනා කියලා කියන්නේ?" කියලා.

සැරියුත් මහරහතන් වහන්සේ පිළිතුරු දෙනවා "දන්නේ නැහැ. දන්නේ නැහැ කියන අර්ථයෙන් තමයි ප්‍රඥාව නැති කෙනා කියලා කියන්නේ" කියලා. ඒ කෙනා දුක, දුක හැටියට දන්නේ නැහැ. දුක හටගන්නා මූලික කාරණය දන්නේ නැහැ. දුකේ නැතිවීම ඒ ආකාරයෙන්ම දන්නේ නැහැ. දුක් නැති කරන්නට තිබෙන මාර්ගය ඒ ආකාරයෙන්ම දන්නේ නැහැ. එහෙම නම් එයා දන්නේ නැත්තේ චතුරාර්ය සත්‍ය ධර්මයයි. ඒ කාලයේ වැඩසිටිය බුදුරජාණන් වහන්සේගේ ශ්‍රාවකයෝ ධර්මයේ නියම අර්ථ දැනගෙන හිටියා. යම්කිසි කෙනෙක් 'චතුරාර්ය සත්‍යය දන්නේ නැහැ' කියලා කියන්නේ එයාට ධර්මය අවබෝධ කිරීමට වුවමනාවක් නැහැ, නුවණක් නැහැ කියන එකයි. ධර්ම අවබෝධ කිරීමට අවශ්‍ය නුවණ නැත්නම් එයාට ධර්මය දකින්න අවස්ථාවක් නැහැ. එයාට තමයි කියන්නේ 'ප්‍රඥාව නැති තැනැත්තා' කියලා.

සම්මා දිට්ඨියට පැමිණුනොත් එයා ප්‍රඥාවන්තයෙක්...

සම්මා දිට්ඨි සූත්‍රයේදී මෙන්න මේ ආකාරය සම්මා දිට්ඨිය විස්තර වෙනවා. "යම්කිසි කෙනෙක් දුක දන්නවාද, දුකට හේතුව දන්නවාද, දුක නැතිකිරීම ගැන දන්නවාද,

දුක් නැතිකිරීමේ මාර්ගය දන්නවාද, අන්න එයාට සම්මා දිට්ඨිය තියෙනවා.”

ඒ කියන්නේ එයා ප්‍රඥාවන්ත තැනැත්තෙක්. ඊළඟට සම්මා දිට්ඨිය මේ විදිහට විස්තර කරනවා. “යම්කිසි කෙනෙක් ලෝභ, ද්වේෂ, මෝහ කියන්නේ අකුසලයන්ට මුල්වෙන කාරණා බව තමන්ගේ ජීවිතය තුළින්ම තේරුම් ගන්න ඕනේ.” ලෝභයයි, ද්වේෂයයි, මෝහයයි අකුසලයට මුල්වෙනවා කියලා තේරෙනවා නම් අකුසලය මොකක්ද කියන්න එයා දන්නවා. කුසලය මොකක්ද කියලා තේරුම් ගන්නත් එයා දන්නවා.

කරුණු තුනක් නිසයි මේ හැමදේම...

එතකොට එයා අකුසලයත් දන්නවා. අකුසලයට මුල්වෙන කාරණයත් දන්නවා. අකුසල තමයි ප්‍රාණඝාතය, සොරකම් කිරීම, කාමයෙහි වරදවා හැසිරීම, බොරුකීම, කේලාම් කීම, හිස් වචන කීම, එරුස වචන කීම, බාහිර වස්තූන් කෙරෙහි ඇති දැඩි ඇල්ම **(අභිජ්ඣා)**, ගැටීම **(ව්‍යාපාදය)** මිථ්‍යා දෘෂ්ටිය **(මිච්ඡා දිට්ඨි)**. මේ ඔක්කොම ඇතිවෙන්නේ කරුණු තුනක් නිසා. ඒ තුන තමයි ලෝභ, ද්වේෂ, මෝහ කියන අකුසල් මුල් තුන. මේ ටික තේරුම් ගත්තු කෙනෙක් තමන්ගේ සන්තානයේ ලෝභ, ද්වේෂ, මෝහ උපදින්න ඉඩ දීලා බලාගෙන ඉන්නේ නැහැ. ඒ පුද්ගලයා ලෝභ ද්වේෂ මෝහයන්ගෙන් මිදීම පිණිස උත්සාහ කරනවා.

මේ විදිහට උත්සාහ ගැනීමෙන් එයාට ඇතිවෙන්නේ අලෝභ, අදෝස, අමෝහ. අපි මේ විදිහට සරලව කතා කළාට මෙය බොහෝම ගැඹුරු කාරණයක්. යම් සිතක අලෝභ, අදෝස, අමෝහ ඇතිවෙනවා නම්, ඒ සිතට

හවයක් සකස් වෙන්නේ නැහැ. ඒ කියන්නේ දුක හදන හේතුව ඒ සිතින් ඉවත් වෙලා.

ධර්මය අහන්නේ ජීවිතයට ගලපා ගන්නයි...

මොන ක්‍රමයට බැලුවත් සම්මා දිට්ඨිය ඇති කරගත්තු කෙනාට ධර්මය පිළිබඳ යම්කිසි දැක්මක් තියෙනවා. එවැනි දැක්මක් නැති කෙනාට කුමන ආකාරයෙන් ගත්තත් චතුරාර්ය සත්‍යය තම ජීවිතයට ගළපාගන්න බැහැ. චතුරාර්ය සත්‍යය තම ජීවිතයට ගළපාගන්න බැරුව කොපමණ ධර්මය ඇහැව්වත් වැඩක් නැහැ.

කෙනෙක් ජීවිත කාලය පුරාම ධර්මය අහලා තියෙන මුත් ඒ ධර්මය අහලා තියෙන්නේ මතවාදයක් හැටියට විතර නම්, (ඒ කියන්නේ මතයක් ග්‍රහණය කර ගැනීම පිණිස විතරක් නම් එයා ධර්මය අහලා තියෙන්නේ) ඒ අහපු ධර්මයෙන් ජීවිතයට අවශ්‍ය කරන ප්‍රයෝජනය අරගෙන නැහැ. ධර්මයෙන් අවශ්‍ය ප්‍රයෝජනය නොගත්තු නිසා ඒ තැනත්තාට චතුරාර්ය සත්‍යය පිළිබඳ වැටහීමක් ඇතිවෙන්නේ නැහැ. හොඳට මතක තියාගන්න ඕනේ කරුණක් තමයි 'යම්කිසි කෙනෙකුට බුදුරජාණන් වහන්සේගේ ශ්‍රාවකත්වයට පැමිණෙන්නට පුළුවන් වන්නේ මේ චතුරාර්ය සත්‍යය ඔස්සේ පමණක්ම බව.' වෙන කිසිම ක්‍රමයකින් උන්වහන්සේගේ ශ්‍රාවකත්වය ලබාගන්න බැහැ. මෙහිදී සාරිපුත්ත මහරහතන් වහන්සේ නියම ප්‍රඥාවන්තයා ලෙස හඳුන්වලා දුන්නේ මේ ආකාරයට චතුරාර්ය සත්‍යය පිළිබඳ අවබෝධයක් ඇති කෙනාවයි. එහෙම නම් ධර්මය තුළින් බලන විට අපට

පේනවා අද ලෝකයේ බොහෝ අය අයිතිවෙන්නේ නුවණ නැති පිරිසට.

ප්‍රඥාවන්ත වෙන්නේ කොහොමද...?

ඊළඟට කොට්ඨිත ස්වාමීන් වහන්සේ අහනවා "ප්‍රඥාවන්තයි, ප්‍රඥාවන්තයි කියලා කියනවා, කුමන කාරණයකින්ද ප්‍රඥාවන්තයි කියලා කියන්නේ?" කියලා. සාරිපුත්ත ස්වාමීන් වහන්සේ දේශනා කරනවා "දැනගන්නවා, දැනගන්නවා කියන කාරණයෙන් තමයි ප්‍රඥාවන්තයා කියලා කියන්නේ. කුමක්ද දැනගන්නේ? චතුරාර්ය සත්‍යය දැනගන්නවා."

මතකද චූළ වේදල්ල සූත්‍රයේදී අපි ඉගෙන ගත්තා සක්කාය කියලා වචනයක්. ඒ සක්කාය යන වචනයෙන් අපි විස්තර කළේ පංච උපාදානස්කන්ධයයි. 'දැනන්නවා' කියන්නේ සක්කාය කියන වචනයේ තේරුම දැනගන්නවා කියන එකයි. පංච උපාදානස්කන්ධය හරියට දැනගන්නවා කියන්නේ චතුරාර්ය සත්‍යය දැනගන්නවා කියන එකයි. මොකද හේතුව, පංච උපාදානස්කන්ධය අවබෝධ කර ගැනීමකින් තොරව දුක අවබෝධ කරනවා කියන එක කරන්න බැහැ.

නියත වශයෙන් නිවන අවබෝධ කරන කෙනා...

සංයුත්ත නිකායේ, ඛන්ධ සංයුක්තයේ, සෝතාපන්න සූත්‍රයේදී බුදුරජාණන් වහන්සේ සෝතාපන්න ශ්‍රාවකයා ගැන මේ විදිහට විස්තර කරනවා.

"(යතෝ බෝ භික්ඛවේ, අරියසාවකෝ ඉමේසං පඤ්චන්නං උපාදානක්ඛන්ධානං සමුදයඤ්ච

අත්ථගමඤ්ච අස්සාදඤ්ච ආදීනවඤ්ච නිස්සරණඤ්ච යථාභූතං පජානාති. අයං වුච්චති භික්ඛවේ, අරියසාවකෝ සෝතාපන්නෝ අවිනිපාතධම්මෝ නියතෝ සම්බෝධිපරායනෝති.) පින්වත් මහණෙනි, යම් දවසක ආර්ය ශ්‍රාවකයා ඔය පංච උපාදානස්කන්ධයේ හටගැනීමත්, නැතිවීමත්, ආශ්වාදයත්, ආදීනවයත්, නිස්සරණයත් ඒ ආකාරයෙන්ම අවබෝධ කරනවා නම් පින්වත් මහණෙනි, ඒ ආර්ය ශ්‍රාවකයාට තමයි සෝවාන් වුණ කෙනා, අපායෙහි නොවැටෙන ස්වභාවයෙන් යුතු කෙනා, නියත වශයෙන්ම නිවන් අවබෝධය පිහිට කරගෙන ඉන්න කෙනා කියලා කියන්නේ."

සෝතාපන්න වෙන්නේ මෙහෙමයි...

ඒ කියන්නේ එයා සෝතාපන්න ශ්‍රාවකයෙක් කියන එකයි. එහෙම නම් සෝතාපන්න වෙනවා කියන්නේ අද්භූත දෙයක් හිතට එනවා නොවෙයි. පංච උපාදානස්කන්ධය පිළිබඳ තමන් මීට කලින් කිසි දවසක අත් නොදැකපු අවබෝධයක් තමාට ඇතිවීමයි. ඉතින් යම් කෙනෙකුට පංච උපාදානස්කන්ධය පිළිබඳ එබඳු අවබෝධයක් ඇතිවුණොත් එයා සෝතාපන්න වෙනවා. එයට හේතුව තමයි සෝතාපන්න වෙනවා කියන්නේ චතුරාර්ය සත්‍යය දර්ශනය මනාකොට ඇති කරගන්නවා කියන එකයි. පංච උපාදානස්කන්ධය දුකක් හැටියට තේරුම් යන්න නම් ඒ ගැන අවබෝධයක් ඇතිකර ගන්නම ඕනේ.

යම්කිසි කෙනෙක් දුක තේරුම් අරගෙන 'දුකට හේතුව තේරෙන්නේ නැහැ' කියලා කියනවා නම්, එය සිද්ධ වෙන්න පුළුවන් දෙයක් නොවෙයි. මොකද, දුක තේරුම්ගත්තා නම් එයාට දුකට හේතුව තේරුම් යනවා.

දුකට හේතුව තේරුම් යනවා නම් 'දුක නිරුද්ධ කරන්න පුළුවන්' කියන කාරණය තේරුම් යනවා. දුක් නිරුද්ධ කරන්න පුළුවන් කියන කාරණය තේරුම් යනවා නම් ඊට උවමනා කරන වැඩපිළිවෙල තේරෙනවා. ඒ නිසා කෙනෙක් කියනවා නම් "අනේ මට දුක නම් තේරෙනවා. ඒ වුණාට මට සමුදය තේරෙන්නේ නැහැනේ. නිරෝධය තේරෙන්නේ නැහැනේ. මාර්ගය තේරෙන්නේ නැහැනේ" කියලා, එකේ තේරුම තමයි එයා දුක කියන්නේ මොකක්ද කියලාවත් දන්නේ නැහැ කියන එකයි.

ධර්මාවබෝධ කරන්නේ බුද්ධිමත් කෙනෙක් විතරයි...

දුක දැනගන්නවා කියන එක ලෙහෙසි කාරණයක් නොවෙයි. බුදුරජාණන් වහන්සේ වදාළා "මේ ධර්මය ප්‍රත්‍යක්ෂ කරගන්නේ බුද්ධිමත් දෙවි මිනිසුන් විසිනුයි" කියලා **(පච්චත්තං වේදිතබ්බෝ විඤ්ඤූහි)** එහෙම නම් බුද්ධිමත් කෙනෙක් තමයි මේ ධර්මය අවබෝධ කරන්නේ. බුදුරජාණන් වහන්සේ පෙන්වා දෙනවා "යම් කිසි කෙනෙක් උන්වහන්සේගේ සිවුරු පොටේ එල්ලිලා, උන්වහන්සේ පියවර තබන ආකාරයටම පියවර තබමින් ගියත්, චතුරාර්ය සත්‍යය දැකලා නැත්නම් ඒ කෙනා ඉන්නේ තමන් වහන්සේගෙන් බොහෝ දුර" කියලා.

එතකොට එයින් අපට තේරෙනවා ධර්මයට සම්බන්ධ වුණා කියලා කියන්නේ ධර්මය අවබෝධ කළා කියන එක මිසක් ධර්මය ගොඩාක් ඇහැව්වා කියන එක නෙවෙයි. යම්කිසි කෙනෙක් "මම ධර්මය ගොඩාක් අහලා තියෙනවා. මෙච්චර සූත්‍ර තොගයක් අහලා තියෙනවා" කියලා ලැයිස්තුවක් ගන්නවා කියලා හිතමු. නමුත් එය

හුදෙක් ලැයිස්තුවක් ගැනීමක් විතරයි. 'මම මෙච්චර සූත්‍ර අහලා තියෙනවා' කියලා තමන් එක්තරා මිම්මකට එනවා පමණයි. නමුත් එය එතරම් වැදගත් නැහැ. වැදගත් වෙන්නේ තමන් අහපු ධර්මය කොච්චර දුරට තේරුම් ගත්තාද? කියන කාරණයයි. ඒ මොකද තේරුම් ගන්නේ නැති කිසිවක් අපේ ජීවිතයට සම්බන්ධ වෙන්නේ නැහැ.

ප්‍රඥාවන්තයාට සසර ගමන කෙටියි...

භාග්‍යවතුන් වහන්සේ පෙන්වා දෙනවා "ප්‍රඥාවන්ත කෙනෙක් වීම ලෙහෙසි කාරණයක් නොවෙයි" කියලා. ප්‍රඥාවන්ත කෙනෙක් වුණොත් එයාට සසර ගමන දිග්ගැස්සෙන්නේ නැහැ. එයාගේ සංසාර ගමන කෙටි වෙන්න පටන්ගන්නවා. මොකද හේතුව, එයා චතුරාර්ය සත්‍ය දන්නවා. එයා ජීවිතයේ ඇති දුක ගැන දන්නවා. පංච උපාදානස්කන්ධය ගැන තේරුම් ගැනීම තමයි අමාරු. මීට කලින් විස්තර වශයෙන් අපි පංච උපාදානස්කන්ධය ගැන කියලා තියෙනවා.

අප සාමාන්‍යයෙන් ලෙඩවීම ගැන, වයසට යෑම ගැන, මරණය ගැන, ශෝක කිරීම ගැන, හැඬීම්, වැළපීම් ගැන පොදුවේ දන්නවා. මේවා ගැන යමක් තේරෙනවා. නමුත් 'මෙය තුළ නොකඩවා යන දුකක් තියෙනවා' කියන කාරණය එක පාරටම තේරෙන්නේ නැහැ. යම් කිසි කෙනෙක් හේතුඵල දහමක් තුළින් මේ දුක පිළිබඳ පැවැත්ම, දුක පංච උපාදානස්කන්ධයක් තුළ පවතින ආකාරය තේරුම් ගත්තොත් ඔහු මෙය තේරුම් ගත්තා වෙනවා.

සඤ්ඤා විපල්ලාසය...

මේ කාරණය තේරුම් ගන්න බැරි මූලික

ස්වභාවයක් අපේ හිත තුළ තියෙනවා. එයට කියනවා '**සඤ්ඤා විපල්ලාස**' කියලා. සඤ්ඤාව කියන්නේ හඳුනා ගත් දෙයටයි. සඤ්ඤා විපල්ලාසය කිව්වේ හඳුනා ගන්නේ විපරීත දෙයක් බවයි. ඒ කියන්නේ හඳුනා ගන්නේ සත්‍යය වශයෙන් පවතින දේ නොවෙයි. වෙනත් දෙයක්. බුදුරජාණන් වහන්සේ සඤ්ඤා විපල්ලාස හතරක් පෙන්වා දෙනවා.

- **අසුභේ සුභ සඤ්ඤා** - අසුභ වූ දෙය සුභ වශයෙන් හඳුනාගන්නවා.
- **දුක්ඛේ සුඛ සඤ්ඤා** - දුක් වූ දෙය සැප වශයෙන් හඳුනාගන්නවා.
- **අනිච්චේ නිච්ච සඤ්ඤා** - අනිත්‍ය වූ දෙය නිත්‍ය වශයෙන් හඳුනාගන්නවා.
- **අනත්තේ අත්ත සඤ්ඤා** - අනාත්ම වූ දෙය ආත්ම වශයෙන් හඳුනාගන්නවා.

ඒ කියන්නේ සත්‍ය තත්වය තමයි අසුභ, අනිත්‍ය, දුක්ඛ, අනාත්ම කියන එක. නමුත් හඳුනා ගන්නේ සුභ, නිත්‍ය, සුඛ, ආත්ම කියන අදහසින්. අපි වචන වලින් එහෙම නොසිතුවාට කාලාන්තරයක් තිස්සේ මේ අදහස් තමයි අපේ සිතේ මුල් බැසගෙන තියෙන්නේ. සඤ්ඤා විපල්ලාසයෙන් මිදෙන්නට නම් මේ මුලාව ඉක්මවා යන ආකාරයේ සිහියක් නුවණක් වීරියක් අප විසින් උත්සාහයෙන් ඇතිකර ගන්න ඕනේ.

සතර සතිපට්ඨානය තුළ ඉදිරියට...

බුදුරජාණන් වහන්සේ පෙන්වා දෙනවා "සතර සතිපට්ඨානයේ යෙදෙන ශ්‍රාවකයා සෑම ඉරියව්වක්

කෙරෙහිම කල්පනාවෙන් තේරුම් ගන්න ඕනේ. සෑම විඳීමක්ම තේරුම් ගන්න ඕනේ. සෑම හඳුනා ගැනීමක්ම තේරුම් ගන්න ඕනේ. සිතක ඇතිවන සෑම වෙනස්කමක්ම තේරුම් ගන්න ඕනේ" කියලා. නිකම්ම තේරුම් ගන්නවා නොවෙයි. 'මේ මේ හේතූන් නිසා මේ මේ ඵලය තියෙන්නේ' කියලා හේතුඵල වශයෙන් තේරුම් ගන්න ඕනේ. ඒ තේරුම් ගැනීම ඇති නොවන තාක් කල්, ජීවිතය පිළිබඳ ගැඹුරක් තේරෙන්නේ නැහැ. බරපතලකමක් තේරෙන්නේ නැහැ.

අපට ජීවිතය පිළිබඳ බරපතලකමක් නොතේරෙන්න හේතු වෙලා තියෙන්නේ අපට ජීවිතයේ අත්දැකීම් අමතක වී යෑමයි. නමුත් බුදුරජාණන් වහන්සේ දේශනා කොට තිබෙනවා "අපි ජීවිතයේ විඳපු සැප දුක දෙකම යළි යළිත් මෙනෙහි කරන්න" කියලා.

සැප දුක නිති පෙරළෙනවා...

මොකද දුක සැප දෙකම එක ලෙස පැවතිලා නැහැ. මේ දෙකම වෙනස් වෙලා තියෙනවා. අපි දුකෙන් හඬා වැටිලා තියෙනවා. සතුටින් හිනාවෙලා තියෙනවා. බුදුරජාණන් වහන්සේ වදාළ මේ කාරණා දෙක කාටත් පොදු දෙයක්. ඒ නිසා මේක සිහිකරන්න. මේක තාවකාලික දෙයක්. එහෙමනම් අනාගතයේ කොපමණ කලක් අපි සැප වින්දත්, කොපමණ දුක් වින්දත් ඔය දෙකම වෙනස් වෙවී යනවා. මෙහි කෙළවරක් නැහැ. දුකේ හේතුව ඉවත් කරනකල්ම අපි දුක් විඳ විඳ තැවෙනවා.

දුකේ හේතුව හැටියට කෙනෙකුට හිතෙන්න පුළුවන් 'ජීවත්වීම.' එයා හිතන්න පුළුවන් 'ජීවත්වෙන නිසානේ ප්‍රශ්න තියෙන්නේ' කියලා. නමුත් සැබෑ

ලෙස ගත්තොත් ප්‍රශ්නය තියෙන්නේ අවිද්‍යාව තුළයි. තණ්හාව තුළයි. ඒ දෙක තුළ තමයි ප්‍රශ්නය තියෙන්නේ. අවිද්‍යාවෙනුයි, තණ්හාවෙනුයි මිදුණා නම් විතරයි ප්‍රශ්නයෙන් මිදෙන්න පුළුවන් වෙන්නේ. නමුත් සාමාන්‍ය ලෝකයා මෙය තේරුම් ගන්නේ නැහැ. මෙය නිරවුල්ව තේරුම් ගත්තේ භාග්‍යවත් බුදුරජාණන් වහන්සේ විතරයි. ඒ නිසයි උන්වහන්සේ සම්බුද්ධත්වයට පත්වුණේ.

අවිද්‍යාවත් තණ්හාවත් උරුම කළේ දුකයි...

අපි තේරුම් ගත යුතුයි 'මේ දුක හැදෙන්නේ අවිද්‍යාවත් තණ්හාවත් නිසා' කියලා. ඒ වගේම 'අවිද්‍යාවත් තණ්හාවත් නැත්නම් මේ දුක නැහැ' කියලා අපි තේරුම් ගන්න ඕනේ. මේ දෙය කළ යුත්තේ තමාගේ ජීවිතය තුළින්ම නුවණින් විමස විමසා බැලීමෙන්මයි. ඒ විදිහට නුවණින් බලන කෙනාට මේ ජීවිතය අවබෝධයක් කරා රැගෙන යන්න අවස්ථාව තියෙනවා. අප මතක තබාගත යුතු වැදගත් කාරණයක් තමයි "චතුරාර්ය සත්‍ය දර්ශනය තම තමන් විසින් අවබෝධ කරගන්න තියෙන දෙයක් බව." එහිදී අපට පළමුවෙන්ම තේරුම් යන්නේ පටිච්ච සමුප්පාදය.

අපි පංච උපාදානස්කන්ධය විස්තර වශයෙන් ඉගෙන ගෙන තියෙනවා. අපි කියලා දීලා තියෙනවා "ස්කන්ධ වශයෙන් බලන්න. ධාතු වශයෙන් බලන්න. ආයතන වශයෙන් බලන්න" කියලා. ඒ වගේම "ඇස, රූපය, චක්ඛු විඤ්ඤාණය, ඇසේ ස්පර්ශය, ඇසේ වේදනාව, ඇසේ ඇතිවෙන හඳුනාගැනීම, චේතනාව, මනසිකාරය මේ සියල්ලම වෙන් වෙන් වශයෙන් නුවණින් බලන්න" කියලා අපි කියාදීලා තියෙනවා. ඒ වගේම

"මේ භව ගමන සකස් වෙලා තියෙන්නේ ඇහැ, කණ, නාසය, දිව, ශරීරය, මනස කියන මේ ඉන්ද්‍රියක් අරමුණු කරගෙන. ඒ නිසා මේ සියල්ලක්ම වෙන් වෙන් වශයෙන් බෙදා බලන්න" කියලා අපි කියා දීලා තියෙනවා.

ඇතිකර ගත යුතු අවබෝධය...

යම්කිසි කෙනෙක් ඒ ක්‍රමයට බෙද බෙදා බලනවා නම්, එයාට මේ කරුණු පහ තේරුම් ගන්න පුළුවන්. ඒ තමයි 'රූපය සතර මහා භූතයන්ගෙන් හටගත්තු දෙයක්. වේදනාව ස්පර්ශයෙන් හටගත්තු දෙයක්. සඤ්ඤාව ස්පර්ශයෙන් හටගත්තු දෙයක්. සංඛාර (චේතනා ඇතිවීම) ස්පර්ශයෙන් හටගත්තු දෙයක්, සිත (විඤ්ඤාණය) නාමරූපයන්ගෙන් හටගත්තු දෙයක්' කියන මේ කාරණා පහ තේරෙන්න පටන් ගන්නවා.

මේ ආකාරයට වැටහෙන්න පටන් ගන්නකොට ඒ කෙනා තමන්ගේ හිතේ ආශාවක් ඇතිවුණත්, තමන්ගේ හිතේ තරහක් ඇතිවුණත්, තමන්ගේ හිතේ මුලාවට පත්වෙන සිතුවිල්ලක් ඇතිවුණත් ඒ සියල්ලක්ම 'හේතූන් නිසා හටගත් දේවල් බවත්, හේතු නැති වීමෙන් නැති වී යන බවත්' තේරුම් ගන්නවා.

සාමාන්‍යයෙන් අපි අතීතය ගැන, අනාගතය ගැන, දුර ගැන, ළඟ ගැන, තමන් ගැන, දැකපු අය ගැන, අහපු දේවල් ගැන, කතාබස් කරනවා. අපි මේ ඔක්කොම කරන්නේ මෝහයක් තුළ ඉඳගෙනයි. නමුත් අපි බොහෝම සිහියෙන් නුවණින් ඒ පිළිබඳව විමසන්න පටන් ගත්විට අපට තේරුම් යනවා 'මේ රූප, වේදනා, සඤ්ඤා, සංඛාර, විඤ්ඤාණ කියන පහ තමයි අපි මේ එක එක පැත්තට හරව හරවා බලන්නේ' කියලා.

'රාගයට හැරුණත්, ද්වේෂයට හැරුණත්, මෝහයට හැරුණත්, ඊර්ෂ්‍යාවට හැරුණත්, පළිගැනීමට හැරුණත්, ආශාවකට හැරුණත්, මොන ක්‍රමයට හරි මේ හැරවිලා තියෙන්නේ රූප, වේදනා, සඤ්ඤා, සංඛාර, විඤ්ඤාණ නේද?' කියන එක තමන්ට තේරෙන්න පටන් ගන්නවා.

ඇත්ත අවබෝධ නොවූ නිසයි...

'ඇයි මේ විදිහට සිද්ධ වෙන්නේ?' කියලා නුවණින් කල්පනා කරගෙන යනකොට එයාට වැටහෙනවා 'මේ විදිහට සිද්ධ වෙන්නේ රූපය පිළිබඳ ඇත්ත තත්වය මට අවබෝධ වී නැති නිසයි. ඒ වගේම මට වේදනාව පිළිබඳ ඇත්ත තත්වය අවබෝධ වෙලා නැහැ. සඤ්ඤාව පිළිබඳ ඇත්ත තත්වය අවබෝධ වෙලා නැහැ. හැම චේතනාවකින්ම මේ පැවැත්මට උවමනා කරන කර්ම රැස් වෙනවා. මට මේ ගැනත් ඇත්ත තත්වය තේරුම් ගිහින් නැහැ. ඒ කියන්නේ මම හිත පිළිබඳ ඇත්ත තත්වය තේරුම් අරගෙන නැහැ. මම මේවා පිළිබඳව යථාර්ථය දන්නවා නම් මම මේවාට මුලා වෙන්නේ නෑ' කියලා.

එවිට ඒ කෙනා තේරුම් ගන්නවා මේ සියල්ලම තියෙන්නේ නොදැනීම එහෙමත් නැත්නම් අවිද්‍යාව මුල්කරගෙන කියලා. අපි අවිද්‍යාව මුල්කරගත් සිතින් මේ පංච උපාදානස්කන්ධය නොයෙක් වේශයන් ගෙන් ග්‍රහණය කර ගන්නවා. යම්කිසි කෙනෙකුට මේ ග්‍රහණය කරගැනීමේ යථාර්ථය පෙනෙන්ට පටන් ගත්තොත් එයා ඒ ග්‍රහණයට කැමැති වෙන්නේ නැහැ. ඒ මොකද, බුදුරජාණන් වහන්සේ සඤ්ඤා විපල්ලාසය කියලා දෙයක් ගැන වදාළා. ඒ කියන්නේ හඳුනාගන්නේ විපරීත දෙයක් බව. එහෙමත් නැත්නම් අප හඳුනා ගන්නේ සත්‍ය වශයෙන් පවතින ආකාරයෙන් නොවෙයි.

අපේ හඳුනාගැනීම වැරදියි...

ඇසින් රූප, කණෙන් ශබ්ද, නාසයෙන් ගඳසුවඳ, දිවෙන් රස, කයෙන් පහස, මනසින් අරමුණු හඳුනා ගන්නේ සත්‍යය වශයෙන් පවතින ආකාරයට නොවෙයි. ඒ කියන්නේ දුක් වූ දේ අපි හඳුනාගෙන තියෙන්නේ දුක් වූ දෙයක් හැටියට නොවෙයි. සැප දෙයක් හැටියටයි. අසුභ වූ දේ සුභ දෙයක් හැටියටයි හඳුනාගෙන තියෙන්නේ. අනිත්‍ය වූ දේ නිත්‍ය දෙයක් හැටියටයි හඳුනාගෙන තියෙන්නේ. අනාත්ම වූ දේ ආත්ම හැටියටයි හඳුනාගෙන තියෙන්නේ. සාමාන්‍යයෙන් අපි හඳුනාගන්නා දේවල් තුළ අසුභ අනිත්‍ය දුක්ඛ හා අනාත්ම යන ලක්ෂණ හතරම තියෙනවා. අපේ සිතුවිල්ලක් තුළ පවා මේ ලක්ෂණ හතර තියෙනවා. නමුත් මෙය තේරුම්ගන්න පුළුවන් වෙන්නේ ධර්මය තේරුම් ගත්තු කෙනෙකුට පමණයි.

විස්මයජනක සිද්ධියක්...

ඒ කාලේ හිටියා සුප්පාවාසා කියලා උපාසිකාවක්. ඇය සෝතාපන්න වෙච්ච උපාසිකාවක්. ඒ වාගේම ඇගේ ස්වාමි පුරුෂයාත් සෝතාපන්න වෙච්ච උපාසකයෙක්. මේ සුප්පාවාසා උපාසිකාව දරු සම්පතක් අපේක්ෂාවෙන් අවුරුදු හතකුත් මාස හතකුත් දින හතක් ගැබ්බරව සිටියා. මෙය ලෝක ඉතිහාසයේ සිද්ධවෙච්ච විස්මයජනක සිද්ධියක්. මේ උපාසිකාව ප්‍රසූති වේදනාව නිසා බොහෝ දුක් වින්දා. නමුත් ඇය ඒ සෑම අවස්ථාවකදීම බුදුගුණ සිහි කර කරා ඒ දුක තුනී කරගත්තා.

ඉතින් මේ සුප්පාවාසාවගේ ස්වාමි පුරුෂයා බුදුරජාණන් වහන්සේ හමුවට ගිහින් තම භාර්යාව ප්‍රසූති වේදනාවෙන් බොහෝ දුක් විඳින බවත්, ඈ ඒ සෑම

අවස්ථාවකම බුදුගුණ සිහිකරමින් ඒ දුක තුනී කර ගන්නා බවත් පවසා සිටියා. බුදුරජාණන් වහන්සේ "සුප්පාවාසා සුවපත් වේවා! නිරෝගී දරුවෙකු බිහි කරාවා!" කියලා සෙත් පැතුවා. බුදුරජාණන් වහන්සේ සෙත් පතන කොටම ඇයට සුව සේ දරුවා ලැබුණා. ඊළඟ විශේෂ කාරණය තමයි මේ පුංචි දරුවා ඉපදුණු දවසේ ඉඳලා ඇවිදින්න පටන් ගත්තා.

සැපයේ වෙස්ගත් දුක...

ඉතින් සතුටට පත්වෙච්ච අම්මයි තාත්තයි බුදුරජාණන් වහන්සේ ප්‍රමුඛ මහා සංඝරත්නයට දානයට ආරාධනා කළා. දානේ දෙන අතරතුර අර පුංචි බබා සාරිපුත්ත මහ රහතුන් වහන්සේ ළඟට ඇවිදගෙන ආවා. උන්වහන්සේ ඇහැව්වා "ආ... බබෝ කොහොමද සැප සනීප?" කියලා. ඉතින් ඒ චූටි දරුවා කියනවා "අනේ... පින්වත් ස්වාමීන් වහන්ස, මොන සැපක්ද? මම අවුරුදු හතක්ම හිටියේ ලේ හැළියක නෙව" කියලා.

තමන්ගේ චූටි පුතා දහම් සෙනවි සැරියුත් මහරහතන් වහන්සේ සමඟ කතා කරනවා දැකලා සුප්පාවාසාවගේ සිත දරු සෙනෙහසින් ඉපිලී ගියා. ඇයගේ සිත භවයට බැඳුණා කියලා බුදුරජාණන් වහන්සේ දැක වදාළා. උන්වහන්සේ සුප්පාවාසාව ගෙන් ඇසුවා "සුප්පාවාසාවෙනි, මේ වගේ තවත් දරුවන් ලැබෙනවාට ඔබ කැමතිද?" කියලා. ඇය කියනවා "භාග්‍යවතුන් වහන්ස, මේ වගේ තව දරුවන් හත් දෙනෙක් වුණත් ලබන්න මම කැමැතියි" කියලා. දැක්ක නේද දරුගැබ නිසා අවුරුදු ගණනක් විඳපු දුක සැණෙකින් අමතක වෙලා ගිය ආකාරය?

බුදුරජාණන්වහන්සේවදාළා "(**අසාතංසාතරූපේන, පියරූපේන අප්පියං - දුක්ඛං සුඛස්ස රූපේන, පමත්තමති වත්තති)** අමිහිරි දේවල් මිහිරි ස්වරූපයෙන්, අප්‍රිය දේවල් ප්‍රිය ස්වරූපයෙන්, දුක් දේවල් සැප ස්වරූපයෙන් ප්‍රමාදී පුද්ගලයාව යටකරගෙන යනවා" කියලා.

ධර්මාවබෝධ කළ කෙනාගේ ලක්ෂණය...

බුදුරජාණන් වහන්සේ මේ ගාථාව වදාළ විටම සෝතාපන්න උපාසිකාවක් වූ සුප්පාවාසාව කාරණය තේරුම් ගත්තා. ඇය කිව්වා "අනේ භාග්‍යවතුන් වහන්ස, මට එක් කෙනෙක්වත් එපා" කියලා. "පුතා මහණවෙන්න කැමතිද?" කියලා සැරියුත් මහරහතන් වහන්සේ ඇසූ විට "අනේ... මගේ පුතේ ඔයා සසරින් මිදෙන්න. තවත් මේ සංසාරේ දුක් විඳ විඳ යන්න ඕනේ නැහැ" කියලා මුළු හදවතින්ම ආශීර්වාද කළා. මේක තමයි ධර්මය අවබෝධ කරගත් කෙනෙකුගේ මනසේ ලක්ෂණය. ධර්මාවබෝධයක් නැති කෙනෙක් නම් "මම මේ අවුරුදු හතක් තිස්සේ කුසේ දරාගෙන දුක් විඳලා මේ දරුවා බිහිකළේ මහණ කරන්න නොවෙයි" කියලා කුපිත වෙලා ස්වාමීන් වහන්සේලාටත් දොස් කියාවි. නමුත් ධර්මාවබෝධ කළ මේ සෝතාපන්න මවගේ මනසික මට්ටම ඊට හාත්පසින්ම වෙනස්. මුලින් දරු සෙනෙහසින් උද්දාමයට පත්වූවත්, ඇයට එකවරම දරු සෙනෙහස අත්හැර දමන්න හැකිවුණා. තම දරුවාටත් තමන් අවබෝධ කරගත් මහානීය ධර්මය අවබෝධ කරගන්නට ආශීර්වාද කරන්නට තරම් ඇය සැබෑම ආදරණීය මවක් වුණා.

ප්‍රඥාව ඉබේ පහළ වෙන්නේ නෑ...

මේ ආකාරයට තමයි ධර්මය අවබෝධ කළ කෙනෙකුගේ ජීවිතය නිර්වාණය කරාම සකස් වෙවී යන්නේ. අපටත් උවමනා කරන්නේ අන්න ඒ ආකාරයට ප්‍රඥාවන්ත කෙනෙක් බවට පත්වෙන්නයි. මේ දුක අවබෝධ කරගැනීමේදී ස්කන්ධ, ධාතු, ආයතන වශයෙන් නොයෙක් ක්‍රමයට විමසා බලමින් නුවණ පාවිච්චි කරන්න ඕනේ. ප්‍රඥාව පාවිච්චි කරන්න ඕනේ. තමන් තුළ යහපත් කල්පනා ශක්තියක් ඇතිකරගන්න බැරිවුණොත් ප්‍රඥාවක් ඇතිවෙන්න විදිහක් නැහැ. ප්‍රඥාව කියන එක වාඩිවෙලා ඉන්න කොට ඉබේ පහළ වෙන එකක් නෙවෙයි. එය ධර්මයට අනුකූලව නුවණින් විමසමින් ඇතිකර ගන්න එකක්.

ඊළඟට කොට්ඨිත ස්වාමීන් වහන්සේ ඇසුවා "විඤ්ඤාණය, විඤ්ඤාණය කියලා කියනවා. කුමන කාරණයකින්ද මේ විඤ්ඤාණය කියලා කියන්නේ?"

"විශේෂයෙන් දැනගන්නවා කියන අර්ථයෙන් විඤ්ඤාණය කියලා කියන්නේ. කුමක්ද විශේෂයෙන් දැගන්නේ? සැප කියලත් දැනගන්නවා, දුක කියලත් දැනගන්නවා, මධ්‍යස්ථභාවය කියලත් දැනගන්නවා." එනම් සැප දුක් උපේක්ෂා විඳීම් ගැන දැනගන්නවා කියන අර්ථයෙන් තමයි විඤ්ඤාණය කියන්නේ.

විඤ්ඤාණය හරියටම තේරුම් ගන්න...

බුදුරජාණන් වහන්සේගේ ධර්මය නිවැරදිව නොදන්නා අයට බොහෝ ගැටලු සහගත දෙයක් තමයි මේ විඤ්ඤාණය කියලා කියන්නේ. සංසාරයේ පැවැත්මට

මූලික වෙලා තියෙන මේ විඤ්ඤාණය පිළිබඳව නිවැරදි දැනුමක් නැති උදවිය නොයෙක් ආකල්ප ගොඩනගා ගෙන, නොයෙක් මතවාද හදාගෙන, 'මරණින් පස්සේ විඤ්ඤාණයට මොකද වෙන්නේ? විඤ්ඤාණය තනියම යනවාද? පාවෙනවාද?' ආදී ප්‍රශ්න ගොඩක පැටලිලා ඉන්නවා. බුදුරජාණන් වහන්සේ ධර්මය දේශනා කරලා තියෙන්නේ මේ ආකාරයේ පැටලිලි ඇතිකර ගන්න නොවෙයි. අවබෝධ කරගැනීම පිණිස පමණයි.

විඤ්ඤාණය කියන්නේ 'දැනගන්නවා' කියන අර්ථයෙන්. ඇසයි රූපයයි නිසා ඇසේ විඤ්ඤාණය ඇතිවෙනවා. ඒකට කියනවා 'චක්ඛු විඤ්ඤාණය' කියලා. චක්ඛු විඤ්ඤාණය කියන්නේ ඇසෙන් රූප දැනගැනීමටයි. ඒ වගේම කණෙන් ශබ්ද දැනගන්නවා. නාසයෙන් ගඳසුවඳ දැනගන්නවා. දිවෙන් රස දැනගන්නවා. කයෙන් පහස දැනගන්නවා. මනසින් අරමුණු දැනගන්නවා. මේ ආකාරයට දැනගැනීම කියන එක තමයි විඤ්ඤාණය කියන එකේ අර්ථය.

ප්‍රඥාවයි විඤ්ඤාණයයි පවතින්නේ එකට...

ඊළඟට කොට්ඨිත ස්වාමීන් වහන්සේ අහනවා "ප්‍රිය ආයුෂ්මතුනි, යම් ප්‍රඥාවක් ඇද්ද, යම් විඤ්ඤාණයක් ඇද්ද, මේ ධර්ම තියෙන්නේ එක්වෙලාද නැත්නම් වෙන් වෙලාද, ප්‍රඥාවයි විඤ්ඤාණයයි දෙක වෙන් වෙන් වශයෙන් දකින්න පුළුවන්ද?" කියලා. ඉතින් සාරිපුත්ත මහරහතන් වහන්සේ පිළිතුරු දෙනවා "ප්‍රිය ආයුෂ්මතුනි, යම් ප්‍රඥාවක් ඇද්ද යම් විඤ්ඤාණයක් ඇද්ද, මේවා තියෙන්නේ එකතුවෙලා මිසක් වෙන්වෙලා නොවෙයි. මේවා වෙන්කරලා දකින්න බැහැ" කියලා.

තවදුරටත් සාරිපුත්ත මහරහතන් වහන්සේ දේශනා කරනවා. "**(යඤ්චාවුසෝ පජානාති තං විජානාති. යං විජානාති තං පජානාති. තස්මා ඉමේ ධම්මා සංසට්ඨා නෝ විසංසට්ඨා.)** ප්‍රිය ආයුෂ්මතුනි, යමක් අවබෝධ කරයි නම්, ඒක තමයි දැනගන්නේ. යමක් දැනගනියි නම් ඒක තමයි අවබෝධ කරන්නේ. ඒනිසා මේ දේවල් පවතින්නේ එකට. වෙන් වෙලා නොවෙයි."

ප්‍රඥාවෙත් විඤ්ඤාණයෙත් වෙනස...

ඉන්පසු කොට්ඨිත මහරහතන් වහන්සේ ඇසුවා "ප්‍රඥාවත් විඤ්ඤාණයත් අතර තියෙන මූලික වෙනස මොකක්ද?" කියලා. සාරිපුත්ත ස්වාමීන් වහන්සේ දේශනා කරනවා, "**(යා චාවුසෝ පඤ්ඤා යඤ්ච විඤ්ඤාණං ඉමේසං ධම්මානං සංසට්ඨානං නෝ විසංසට්ඨානං)** ප්‍රිය ආයුෂ්මතුනි, යම් ප්‍රඥාවක් ඇද්ද, යම් විඤ්ඤාණයක් ඇද්ද මේවා තියෙන්නේ එකටයි. වෙන් වෙලා නොවෙයි. **(පඤ්ඤා භාවේතබ්බා)** නමුත් ප්‍රඥාව කියන්නේ ප්‍රගුණ කළ යුතු දෙයක්. **(විඤ්ඤාණං පරිඤ්ඤෙය්‍යං)** විඤ්ඤාණය කියන්නේ මුළුමණින්ම අවබෝධ කළයුතු දෙයක්. **(ඉදං තේසං නානාකරණන්ති)** මේ තමයි මේ දෙකෙහි වෙනස."

විඤ්ඤාණය පිරිසිඳ දැකීම පිණිසයි...

එහෙමනම් ප්‍රඥාව දියුණු කරන්න ඕන. විඤ්ඤාණය පිරිසිඳ දකින්ට ඕනේ. එහෙනම් ප්‍රඥාව දියුණු කරන්නේ විඤ්ඤාණය පිරිසිඳ දැකීම පිණිසයි. පිරිසිඳ දකිනවා කියලා කියන්නේ විඤ්ඤාණයේ යථා ස්වරූපය දකිනවා කියන එකයි. "කොහොමද මේ විඤ්ඤාණය ක්‍රියාත්මක වෙන්නේ, මේ විඤ්ඤාණයේ පැවැත්ම මොන ආකාරයද?"

කියලා නුවණින් විමස විමසා යද්දි තමයි විඤ්ඤාණය පිරිසිඳ දකින්නේ. එලෙස විමසීමේ හැකියාව ප්‍රඥාවයි.

යම්කිසි කෙනෙක් විඤ්ඤාණය පිළිබඳව නුවණින් විමසලා විඤ්ඤාණය අවබෝධ කරගත්තොත් ඒ කෙනා අවබෝධ කරගන්නේ නාමරූපයි. මේ විදිහට නාමරූප අවබෝධ කරගන්න සිතේ ඇතිවෙන උපකාරක ධර්මය තමයි ප්‍රඥාව. ප්‍රඥාවෙන් තොරව අපට කිසිදාක ජීවිතයේ යථා ස්වභාවය දකින්න බැහැ. ඒ සඳහා ප්‍රඥාව අවශ්‍යමයි. ඒ සඳහා සමථ විදර්ශනා දෙක දියුණු කරන්න ඕනේ. සිහිය වීරිය නුවණ දියුණු කරන්න ඕනේ. මේවා දියුණු කරන්න කරන්න, බලවත් කරන්න කරන්න තේරෙන්නේ 'දුක, දුකට හේතුව, දුකේ නිරෝධය, මාර්ගය යන චතුරාර්ය සත්‍යයයි. එය තේරුම් ගැනීම පිණිසයි සමථ විදර්ශනා වඩන්නේ. විඤ්ඤාණය පිරිසිඳ දකිනවා කියන්නේ විඤ්ඤාණයේ පැවැත්මට හේතු භූත වෙන, මේ සංසාරික පැවැත්මක් සකස් කරදෙන සියලුම කාරණා අඩු නැතුව දකිනවා කියන එකයි.

නාමරූප පච්චයා විඤ්ඤාණං...

බුදුරජාණන් වහන්සේ දම්සක් පැවැතුම් සූත්‍රයේදී දේශනා කළේ "දුක පිරිසිඳ දැක්ක යුතුයි. දුක්ඛ සමුදය ප්‍රහාණය කළ යුතුයි. දුක්ඛ නිරෝධය සාක්ෂාත් කළ යුතුයි. ඒ සඳහා ඇති මාර්ගය වැඩිය යුතුයි" කියලයි. යමෙක් විඤ්ඤාණය පිරිසිඳ දැක්කොත් පිරිසිඳ දත යුතු දුක පිරිසිඳ දැක්කා වෙනවා. විඤ්ඤාණය අයිති වන්නේ සංසාරයට. එහෙමත් නැත්නම් දුකට. විඤ්ඤාණය ඇතිවෙන්නේ නාමරූප ප්‍රත්‍යයෙන්. නාමරූප අයිති වන්නෙත් සංසාරයටමයි. 'නාමරූප ප්‍රත්‍යයෙන්

විඤ්ඤාණය පවතිනවාය' කියන කාරණය තේරුම් ගත යුතුයි. යම්කිසි කෙනෙක් ධර්මයෙන් බැහැරව 'විඤ්ඤාණය කියන්නේ මොකක්ද?' කියලා විමසන්ට පටන්ගත්තොත් එයා මනස්ගාත ගොඩක් තමයි ග්‍රහණය කරගන්නේ. එයා ජීවිතය පිළිබඳ ඇත්ත තත්වය ග්‍රහණය කරගන්නේ නැහැ.

සසර පෝෂණය කරන සතර ආහාර...

බුදුරජාණන් වහන්සේ පෙන්වා දෙනවා විඤ්ඤාණය ආහාරයක් බව. මේ ගොරෝසු ශරීරයේ පැවැත්ම පිණිස යම් ආකාරයේ ආහාරයක් අවශ්‍ය කරනවාද, අන්න ඒ ආකාරයෙන්ම භව පැවැත්මටත් උපකාර වෙන ආහාර තියෙනවා. අපි අකමැත්තෙන් හෝ කැමැත්තෙන් ඒ ආහාර හද හදා භව ගමන පෝෂණය කරනවා. ඒ ආහාර තමයි,

- කබලිංකාර ආහාර
- ස්පර්ශ ආහාර
- මනෝ සංචේතනා ආහාර
- විඤ්ඤාණ ආහාර

ආයෙමත් පුනර්භවයක් තුළින් උපතක් ලැබීමට හේතුවෙන දෙයක් වශයෙනුයි විඤ්ඤාණ ආහාරය පවතින්නේ. එහෙම වෙලා ඉපදීමක් ඇති කල්හි තමයි ආයතන හය ඇතිවෙන්නේ. අපි ඇසෙන් රූප දැනගන්නවා. කණින් ශබ්ද දැනගන්නවා. නාසයෙන් ගඳ සුවඳ දැනගන්නවා. දිවෙන් රස දැනගන්නවා. ශරීරයෙන් ස්පර්ශය දැනගන්නවා. හිතට හිතෙන දේ දැනගන්නවා. මේ දැනගන්න දේ අපට ලොකු අද්භූත දෙයක් නොවෙයි. මේක අපේ ජීවිතයේ කොටසක්. මේක තමයි අපේ

ජීවිතය. දුක කියන්නේත් අපේ ජීවිතයටමයි. නමුත් ඒකම තමයි අපි දන්නෙත් නැත්තේ.

සිත දෙස මේ විදිහට බලන්න...

බුදුරජාණන් වහන්සේ මෙන්න මේ ආකාරයට හිත දෙස බලන්න කියා දේශනා කොට තිබෙනවා. ඔන්න වැරදි කරපු සොරෙක් අල්ලාගෙන රජතුමා ගාවට ගෙනියනවා. රජතුමා දඬුවමක් වශයෙන් "උදේට හෙල්ල පාර සියයක් අනින්න" කියලා නියම කරනවා. ඉතින් රාජ පුරුෂයෝ සොරාව අරන් ගිහිල්ලා හෙල්ල පහර සියයක් අනිනවා. දවල්ට රජතුමා අහනවා "අර හොරා ජීවත් වෙනවාද?" කියලා. "ස්වාමීනි ජීවත් වෙනවා" කියලා රාජපුරුෂයෝ කියනවා. "එහෙනම් දහවල්ට තවත් හෙල්ල පහර සියයක් අනින්න" කියලා නියම කරනවා. රාත්‍රියේ රජතුමා අහනවා "කොහොමද අර හොරා ජීවත්වෙනවාද?" කියලා. "ස්වාමීනි ජීවත්වෙනවා." "එහෙනම් තව හෙල්ල පහර සියයක් අනින්න" කියලා නියම කරනවා. මේ ආකාරයට "හෙල්ල පහර තුන් සියයකින් ඇනුම්කන හොරා ඉතා දැඩි වූ දුක් වේදනාවකට ලක්වන්නේ යම් සේ ද, මේ සිත දෙසත් අන්න ඒ ආකාරයෙන්ම බලන්න" කියා බුදුරජාණන් වහන්සේ දේශනා කරනවා. විඤ්ඤාණය පිළිබඳ ඇති ආශාව දුරුකර ගැනීම පිණිසයි ඒ ආකාරයට බලන්න කියන්නේ. එහෙම නැතුව විඤ්ඤාණය නැති කරගන්න නොවේ.

දෙකම පවතින්නේ එකට...

යම්කිසි කෙනෙක් මේ ආකාරය විමස විමසා බැලුවොත් එයා තේරුම් ගන්නවා 'ඵස්ස, වේදනා, සඤ්ඤා, චේතනා, මනසිකාර කියන මේ නාම ධර්ම

පහත් සතර මහා ධාතූන්ගෙන් හටගත්තු දෙයක් වන රූපයත් යන මේ නාමරූපයන් නිසා හටගත් දෙයක් තමයි විඤ්ඤාණය කියන්නේ' කියලා. විඤ්ඤාණය නාමරූපයන්ගෙන් වෙන් කරන්න බැහැ. නාමරූප වලින් තොරව විඤ්ඤාණයක් ගැන කතා කරන්ටත් බැහැ. නමුත් අපි නුවණින් විමසීමේදී මේ නාමරූප, විඤ්ඤාණය ආදිය වෙන් කර කර තමයි නුවණින් විමසන්නේ. එවිට තමයි ප්‍රඥාව වර්ධනය වෙන්නේ. එලෙස වැඩෙන ප්‍රඥාව තුළින් තමයි විඤ්ඤාණය පිරිසිඳ අවබෝධ කරගන්ට පුළුවන් වෙන්නේ.

වේදනාවේ තතු...

ඊළඟට කොට්ඨිත ස්වාමීන් වහන්සේ ඇහුවා "ප්‍රිය ආයුෂ්මතුනි, වේදනාව, වේදනාව කියනවා. කුමන කාරණයකින්ද වේදනාව කියලා කියන්නේ?" පිළිතුර තමයි "විඳිනවා, විඳිනවා කියන අර්ථයෙන් තමයි වේදනාව කියලා කියන්නේ". කුමක්ද විඳින්නේ?

සුඛම්පි වේදේති - සැපත් විඳිනවා.
දුක්ඛම්පි වේදේති - දුකත් විඳිනවා.
අදුක්ඛමසුඛම්පි වේදේති - උපේක්ෂාවත් විඳිනවා.

විඳින්නට තියෙන්නේ එක්කෝ සැප වේදනාවක්. එක්කෝ දුක් වේදනාවක්. එහෙමත් නැත්නම් දුක් සැප රහිත වේදනාවක්. වේදනාව කියන්නේ තමන් විසින් ඇති කරපු එකක් නොවෙයි. අනුන් විසින් ඇති කරපු එකකුත් නොවෙයි. ඉබේ හටගත්තු එකකුත් නොවෙයි. වේදනාව හේතුඵල දහමින් සකස් වෙච්ච එකක්. වේදනාව ඇතිවෙන්නේ ස්පර්ශ ප්‍රත්‍යයෙන්. සැප සහගත ස්පර්ශයක් ඇතිවුණාම සැප වේදනාවක් ඇතිවෙනවා. ඒ

ස්පර්ශය නැතිවුණාම සැප වේදනාව නැතුව යනවා. දුක් සහගත ස්පර්ශයක් ඇතිවෙන කොට දුක් වේදනාවක් ඇතිවෙනවා. ඒ ස්පර්ශය නැතිවුණාම දුක් වේදනාව නැතුව යනවා. මධ්‍යස්ථභාවය මුල් කරගත්තු ස්පර්ශය හේතුවෙන් උපේක්ෂා වේදනාවක් ඇතිවෙනවා. ඒ ස්පර්ශය නැතිවුණාම ඒ වේදනාව නැතුව යනවා. එහෙමනම් වේදනාව කියන්නේ ස්පර්ශයට අනුව වෙනස් වන දෙයක්.

වේදනාව දිය බුබුලකි...

බුදුරජාණන් වහන්සේ වේදනාව දෙස බලන්න කිව්වේ දිය බුබුලක් දෙස බලනවා වගෙයි (**වේදනා බුබ්බුළූපමා**) වැස්ස වෙලාවට ජලාශයකට වතුර බිංදු එක එක වැටෙද්දි බුබුළු හටගන්නවා. මේ බුබුළු වැඩි වේලාවක් තියෙන්නේ නැහැ. ඉක්මනින් නැති වෙලා යනවා. මෙන්න මේ ආකාරයට ඇස තුළින් වේදනා හටගන්නවා. කණ තුළින් වේදනා හටගන්නවා. නාසය තුළින් වේදනා හටගන්නවා. දිව තුළින් වේදනා හටගන්නවා. කය තුළින් වේදනා හටගන්නවා. සිත තුළින් වේදනා හටගන්නවා. ඒ වගේම ඒ වේදනාවන් වහ වහා නැසී යනවා. හරියට ජලාශයකට වැටෙන වැහිබිඳු නිසා හටගන්නා දිය බුබුළු ඇතිවෙවී නැතිවෙවී යනවා වගේ. ඒ විදිහට තමා තුළත් ඇතිවෙන මේ වේදනාවන් ඇතිවෙවී නැතිවෙවී යන ආකාරය දකින්න උත්සාහ කරන්න ඕනේ. අන්න ඒ කෙනා යම්කිසි ප්‍රමාණයකට වේදනාව තේරුම් ගන්නවා.

සඤ්ඤාව යනු කුමක්ද...?

ඊළඟට ඇහුවා "සඤ්ඤාව සඤ්ඤාව කියලා කියනවා. ප්‍රිය ආයුෂ්මතුනි, කුමක් මුල්කරගෙනද සඤ්ඤාව

කියන්නේ?" කියලා. පිළිතුර වුණේ, "හඳුනා ගන්නවා, හඳුනා ගන්නවා කියන අර්ථයෙනුයි සඤ්ඤාව කියන්නේ. කුමක්ද හඳුනාගන්නේ? නිල් පාට හඳුනාගන්නවා, කහ පාට හඳුනාගන්නවා, රතු පාට හඳුනාගන්නවා, සුදු පාට හඳුනාගන්නවා. මේ ආකාරයට වර්ණයෙන් හඳුනා ගන්න එක තමයි සඤ්ඤාව කියන්නේ." අපි හඳුනා ගන්නේ හවයක් සහ වර්ණයක්. ඒක තමයි අපේ හිතේ ගොඩනැගෙන සඤ්ඤාව.

ඊළඟට කොට්ඨිත මහරහතන් වහන්සේ ඇහුවා "ප්‍රිය ආයුෂ්මතුනි, යම්කිසි විඳීමක්, යම්කිසි සඤ්ඤාවක්, යම්කිසි විඤ්ඤාණයක් තියෙනවාද, මේ ධර්ම තුන තියෙන්නේ එකට එක්වෙලාද නැත්තම් වෙන්වෙලාද?" කියලා.

සාරිපුත්ත මහරහතන් වහන්සේ පිළිතුරු දුන්නා "ප්‍රිය ආයුෂ්මතුනි, යම්කිසි විඳීමක්, යම්කිසි හඳුනා ගැනීමක්, යම්කිසි විඤ්ඤාණයක් ඇද්ද, මේ ධර්ම එකට එක්වෙලයි තියෙන්නේ. වෙන්වෙලා නොවෙයි. මේ ධර්ම වෙන් වෙන් කරලා දකින්න බැහැ. ප්‍රිය ආයුෂ්මතුනි, යමක් විඳිනවාද එය තමයි හඳුනාගන්නේ. යමක් හඳුනා ගනීද එය තමයි දැනගන්නේ" කියලා. එතකොට යමක් විඳිනවාද ඒ දේ හඳුනාගන්නවා. යමක් හඳුනාගන්නවාද ඒ දේ තමයි දැනගන්නේ. එතකොට වේදනාව, සඤ්ඤාව, විඤ්ඤාණය එකිනෙකින් වෙන් කරන්න බැහැ.

පාරිශුද්ධ මනෝ විඤ්ඤාණය...

ඊළඟ ප්‍රශ්නය වුණේ, "පංච ඉන්ද්‍රියන්ගෙන් වෙන් වෙච්ච පාරිශුද්ධ මනෝ විඤ්ඤාණයෙන් දැනගන්න පුළුවන් කුමක්ද?" කියලයි. පංච ඉන්ද්‍රිය කියලා කියන්නේ

ඇස, කණ, නාසය, දිව, කය කියන ඉන්ද්‍රියයන් පහයි. මෙම ඉන්ද්‍රියයන්ගෙන් වෙන්වුණු මනෝ විඤ්ඤාණය කියලා කියන්නේ කුමක්ද? අපි දන්නවා හතරවෙනි ධ්‍යාන මට්ටම දක්වාම විඤ්ඤාණය පවතින්නේ මේ ඉන්ද්‍රියයන් ඇසුරු කරගෙනයි. නමුත් හතරවෙනි ධ්‍යානයෙන් මත්තට පංච ඉන්ද්‍රියයන්ගෙන් වෙන්ව තනිකරම මනස සමඟ පමණක් සම්බන්ධ වූ මානසික ධර්මතාවයන් දියුණු කරන්න කෙනෙකුට අවස්ථාව තියෙනවා.

මේ ආකාරයට පංච ඉන්ද්‍රියන්ගෙන් වෙන්වෙච්ච පාරිශුද්ධ මනෝ විඤ්ඤාණයෙන් 'අනන්ත ආකාසයයි' කියා මෙනෙහි කිරීමෙන් ආකාසානඤ්චායතනය අවබෝධ කළ හැකියි. 'අනන්ත විඤ්ඤාණයයි' කියා මෙනෙහි කිරීමෙන් විඤ්ඤාණඤ්චායතනය අවබෝධ කළ හැකියි. 'කිසිවක් නැතැයි' කියා මෙනෙහි කිරීමෙන් ආකිඤ්චඤ්ඤායතනයය අවබෝධ කළ හැකියි. මේවා තමයි අරූප ධ්‍යාන. යම්කිසි කෙනෙක් සිත දියුණු කරගෙන ගිහින් එයාට පුළුවන් වුණොත් උපේක්ෂා සහගත සමාධි මට්ටමකට (සතරවන ධ්‍යානය තෙක්) සිත දියුණු කරන්න, ඒ ආකාරයට සමාධිය දියුණු කළ කෙනාට පුළුවන්කම තියෙනවා තනිකරම සිතින් සකස් කරන මානසික ධර්ම වූ අරූප ධ්‍යාන වඩන්න.

දැනගන්න දේ අවබෝධ කරන්නේ ප්‍රඥාවෙන්...

ඊළඟට කොට්ඨිත මහරහතන් වහන්සේ ඇසුවා "ඒ ආකාරයට දැනගන්නා දේ අවබෝධ කරන්නේ මොකෙන්ද?" කියලා. සාරිපුත්ත මහරහතන් වහන්සේ දේශනා කළා "ඒ ආකාරයට දැනගන්නා දේ අවබෝධ

කරන්නේ ප්‍රඥාවෙන්" කියලා. එතකොට අපට තේරෙනවා අරූප ධ්‍යානය කියන්නේ නුවණින් තේරුම් අරන් සිතත් සමඟ දියුණු කරන්න තියෙන දෙයක් බව.

ඊළඟට ඇසූ ප්‍රශ්නය තමයි "ප්‍රඥාව කුමන අර්ථයක් පිණිසද තියෙන්නේ?" කියලා. සාරිපුත්ත මහරහතන් වහන්සේ දේශනා කළා "ප්‍රඥාව අර්ථ තුනක් පිණිස පවතින බව." එනම්,

- **අභිඤ්ඤත්ථා** - විශේෂ අවබෝධ ඥානය පිණිස
- **පරිඤ්ඤත්ථා** - පිරිසිඳ දැකගැනීම පිණිස
- **පහානත්ථා** - ප්‍රහාණය කිරීම පිණිස

ප්‍රඥාව තිබුණේ නැත්නම්...

විශේෂ අවබෝධ ඥානය කියන්නේ රූප, වේදනා, සඤ්ඤා, සංඛාර, විඤ්ඤාණ කියන මේ පංච උපාදානස්කන්ධයන්ගේ යථා ස්වභාවය අවබෝධ කරගන්නා නුවණයි. ඒ විශේෂ අවබෝධ ඥානය ඇතිවෙන්නේ ප්‍රඥාවෙන්. ප්‍රඥාව තිබුණේ නැත්නම් එයා ආශ්‍රව දන්නෙත් නැහැ. දුක දන්නෙත් නැහැ. චතුරාර්ය සත්‍ය දන්නෙත් නැහැ. පටිච්ච සමුප්පාදය දන්නෙත් නැහැ. ස්කන්ධ, ධාතු, ආයතන වශයෙන් තෝරගන්න දන්නෙත් නැහැ. මේ සෑම දෙයක්ම කිරීමට නුවණක් අවශ්‍යයි. අන්න ඒ නුවණ ඇතිකර ගැනීම පිණිස තමයි ප්‍රඥාව තියෙන්නේ. ඒ නුවණින් අපි වෙන් කර කර බලන්නේ දුක. එහෙම නැත්නම් පංච උපාදානස්කන්ධය. එහෙමත් නැත්නම් ආශ්‍රව. එහෙමත් නැත්නම් පටිච්ච සමුප්පාදය. එහෙමත් නැත්නම් ස්කන්ධ, ධාතු, ආයතන යන මේවා තමයි විමස විමසා බලන්නේ.

අපි කලින් සඳහන් කළා හඳුනාගන්නා දේවල් විපරීත වෙලා (සඤ්ඤා විපල්ලාස) තියෙනවා කියලා. මේ සඤ්ඤා විපල්ලාසය දුරුවෙන ආකාරයට තමයි අවබෝධ ඥානය දියුණු කරන්නේ. එතකොට තමයි දුක පිරිසිඳ දකින්නේ. දුක පිරිසිඳ දුටුවිට තමයි දුක ප්‍රහාණය වෙන්නේ. එතකොට ප්‍රඥාව තියෙන්නේ අවබෝධ ඥානය, (පිරිසිඳ දැකගැනීම හා ප්‍රහාණය කිරීම යන මේ කරුණු තුන) පිණිසයි. අපි නුවණ දියුණු කරන්නේ චතුරාර්ය සත්‍යය අවබෝධ කරගැනීම පිණිසයි. එතකොට පැහැදිලිව තේරෙනවා ප්‍රහාණය කිරීම ප්‍රඥාවෙන් තියෙන එක ප්‍රයෝජනයක්. පිරිසිඳ දැකීම ප්‍රඥාවෙන් තියෙන තවත් ප්‍රයෝජනයක්. විශේෂ ඥානය ඇතිකර ගැනීම ප්‍රඥාවෙන් තියෙන අනෙක් ප්‍රයෝජනය කියලා.

සම්මා දිට්ඨියට උපකාරක ධර්ම...

ඊළඟට කොට්ඨිත මහරහතන් වහන්සේ ඇසුවා "ප්‍රිය ආයුෂ්මතුනි, කුමන කුමන කාරණා නිසාද සම්මා දිට්ඨිය ඇතිවෙන්නේ?" කියලා. සාරිපුත්ත මහරහතන් වහන්සේ දේශනා කළා "සම්මා දිට්ඨිය උපදින්න කාරණා දෙකක් මුල්වෙනවා" කියලා.

- **පරතෝ ච ඝෝසෝ** - අනුන්ගෙන් අසා දැනගැනීම
- **යෝනිසෝ ච මනසිකාරෝ** - ධර්මයට අනුකූලව නුවණින් විමසීම

(අනුලෝමිකාය ඛන්තියා සමන්නාගතෝ) තමන් අසන ධර්මය තමා තුළින් ගලපා ගැනීමේ හැකියාව කියලා කියන්නේත් යෝනිසෝ මනසිකාරයටම තමයි. සුස්සූසති සූත්‍රයේ ධර්මය ඉගෙන ගැනීම සම්බන්ධයෙන් කාරණා හයක් සඳහන් වෙනවා. ඒ තමයි,

- **සුස්සූසති** - ධර්මය අහන්නට ආශාවක් තියෙන්න ඕනේ.
- **සෝතං ඕදහති** - හොඳින් සවන් යොමා ධර්මය අහනවා.
- **අඤ්ඤාය චිත්තං උපට්ඨපේති** - ඒ අහන ලද ධර්මය අවබෝධ කරගැනීමට සිත පිහිටුවා ගන්නවා.
- **අත්ථං ගණ්හාති** - 'ධර්මයෙන් පවසන අර්ථය මේකයි' කියලා අර්ථය ගන්නවා.
- **අනත්ථං රිඤ්චති** - අදාළ නැති දේ අත්හරිනවා.
- **අනුලෝමිකාය ඛන්තියා සමන්නාගතෝ හෝති** - අසා දැනගත්තු ධර්මය තමන්ගේ ජීවිතයට ගලපලා බලනවා. මේ අංගයට තමයි යෝනිසෝ මනසිකාරය කියලා කියන්නේ. පරතෝ ඝෝසයෙන් එහෙමත් නැත්නම් අනුන්ගේ ධර්මය අසා දැනගැනීමෙන් තොරව අපට යෝනිසෝ මනසිකාරයේ යෙදෙන්න බැහැ.

අපි දන්නවා කෝලිත උපතිස්ස දෙන්නා කියන්නේ මේ ශාසනයේ පහළ වෙච්ච ශ්‍රේෂ්ඨතම ශ්‍රාවකයින් දෙදෙනා. උන්වහන්සේලා පරිබ්‍රාජක සාසනවල පැවිදි වෙලා ඒවායේ අර්ථ ශූන්‍යත්වය වටහාගෙන ඊට පස්සේ විමුක්තියන් සොයා ගෙන ඇවිද්දා. නමුත් තනිවම තමන් තුළින් මේ ධර්මය අවබෝධ කරගත්තේ නැහැ. අස්සජි ස්වාමීන් වහන්සේ විසින් දේශනා කළ ධර්මයට අහුම්කන් දීලා නුවණින් විමසීම තුළින් තමයි උපතිස්ස පරිබ්‍රාජකතුමා ධර්මය අවබෝධ කර ගත්තේ. ඒ කියන්නේ තමා විසින් ගුරු උපදේශ රහිතව අවබෝධ කළේ නැහැ. එක බණ පදයක් හරි අහන්න ඕනේ. ඒක තමයි පරතෝ

සෝසය කියලා කියන්නේ. එය තමයි ශ්‍රාවක ඥානය. බාහිර කෙනෙකුගෙන් අහන්නේ නැතුව ධර්මය අවබෝධ කරගන්නේ සම්මා සම්බුදුරජාණන් වහන්සේලා හා පසේ බුදුරජාණන් වහන්සේලා විසින් පමණයි. නමුත් පසේ බුදුරජාණන් වහන්සේලාටත් සර්වඥතා ඥානයක් නැහැ. උන්වහන්සේලා චතුරාර්ය සත්‍යය ගුරු උපදේශ රහිතව තමන් වහන්සේ තුළින් අවබෝධ කරගන්නවා පමණයි. උන්වහන්සේලාට චතුරාර්ය සත්‍යය ධර්මය අවබෝධ වුණාට, ලෝක ධර්මයන් පිළිබඳ හා මනුෂ්‍ය සන්තානය පිළිබඳ සම්මා සම්බුදුරජාණන් වහන්සේ නමක් මෙන් සියල්ල අවබෝධ කළ නුවණක් ඇතිවෙන්නේ නැහැ. ඒක ඇතිවෙන්නේ සම්මා සම්බුදුරජාණන් කෙනෙකුට පමණි.

ශ්‍රවණය කළ යුතු නොකළ යුතු දේ හඳුනා ගන්න

ඉතින් සම්මා සම්බුදුරජාණන් වහන්සේලා හා පසේ බුදුරජාණන් වහන්සේලා හැර අනෙක් සියලු දෙනා සම්මා දිට්ඨිය ඇතිකර ගැනීම පිණිස උත්සාහ කරද්දී ඒ සඳහා උපකාර වෙන්නේ කණින් ධර්මය ඇසීමත්, ඒ අසල ලද ධර්මයට අනුව සිතීම යන කාරණා දෙකයි. මෙහිදී අප මතකතබා ගත යුතු තවත් වැදගත් කාරණයක් තියෙනවා. ඒ තමයි ශ්‍රවණය තුළින් ඇතිවෙන්නේ සම්මා දිට්ඨිය පමණක්ම නොවෙයි යන වග. මිච්ඡා දිට්ඨිය ඇතිවන්නෙත් ශ්‍රවණය තුළින්ම තමයි. එය සිදුවෙන්නේ මිථ්‍යා ධර්මයක් ශ්‍රවණය කරලා අයෝනිසෝ මනසිකාරයේ යෙදීම නිසයි. සම්මා දිට්ඨිය ඇතිවෙන්නේ ධර්මය ශ්‍රවණය සහ යෝනිසෝ මනසිකාරය කියන දෙක මුල් කරගෙනයි.

යෝනිසෝ මනසිකාරයේ වැදගත්කම...

අපි දුකට වැටෙන්න හේතුව තමයි යෝනිසෝ මනසිකාරය නැතිවීම. බුදුරජාණන් වහන්සේ පෙන්වා දෙනවා "ජීවිතය අවබෝධ කරගැනීම පිණිස යෝනිසෝ මනසිකාරය තරම් උපකාර වන අන් එකදු ධර්මයකවත් උන්වහන්සේ දකින්නේ නැහැ" කියලා. එහෙම නම් යෝනිසෝ මනසිකාරය ධර්මය අවබෝධයට සම්පූර්ණයෙන්ම මුල්වෙන කාරණයක්.

යෝනිසෝ මනසිකාරය තුළින් කරන්නේ අවිද්‍යාව ප්‍රහාණය කරලා විද්‍යාව උපද්දවා දෙන එකයි. විද්‍යාව උපන්නොත්, ඒ කියන්නේ අවබෝධය ඇතිවුණොත්, තණ්හාවක් පවතින්නේ නැහැ. තණ්හාව ප්‍රහාණය වෙනවා. ස්කන්ධ, ධාතු, ආයතන අනිත්‍ය වශයෙන්, දුක් වශයෙන්, අනාත්ම වශයෙන්, රෝග වශයෙන්, උල් වශයෙන්, පීඩාවක් වශයෙන්, ඇත්ත තත්වය වැටහෙන ආකාරයට නුවණින් විමසන්න පටන් ගන්න කොට තමයි යෝනිසෝ මනසිකාරය ඇතිවෙන්නේ. යෝනිසෝ මනසිකාරය ඇතිවෙන්න ඇතිවෙන්න සම්මා දිට්ඨිය ඇතිවෙනවා.

බුදුරජාණන් වහන්සේ පෙන්වනවා "සම්මා දිට්ඨිය ඇතිවෙන්න නම් සද්ධර්මය අහන්න ලැබෙන්න ඕනේ. ඒ අහන ධර්මය නුවණින් විමසන්න ඕනේ"කියලා. අපි දන්නවා බුදුරජාණන් වහන්සේ ධර්මය සාකච්ඡා කරන අවස්ථාවල අන්‍යාගමිකයෝ ඕනෑතරම් ඒ ස්ථානවල ඉඳලා තියෙනවා. නිගණ්ඨනාතපුත්ත, අජිත කේසකම්බලි, පකුධ කච්චායන, මක්කලි ගෝසාල, සංජය බේලට්ඨිපුත්ත වැනි නොයෙක් මතධාරී පිරිස හිටියා. ලක්ෂ ගණනින්

ඔවුන්ගේ ශ්‍රාවක පිරිස් හිටියා. නමුත් බුදුරජාණන් වහන්සේගේ ධර්මය ඇහුවට ඒ බොහෝ අයට ධර්මය දකින්න බැරිවුණා. මොකද, යෝනිසෝ මනසිකාරය නැති නිසා.

අනේ දෙව්දත් නොදිටි මොක්පුර...

දේවදත්ත බුදුරජාණන් වහන්සේ ළඟ මහණ වුණ කෙනෙක්. එයාට පක්ෂපාතී විශාල පිරිසක් හිටියා. අජාසත්ත රජතුමා දේවදත්තට දවල් දානය පිණිස කරත්ත පන්සියයක ආහාර යවනවා. එයින් අපට පෙනෙනවා දේවදත්ත ළඟ විශාල පිරිසක් ඉඳලා තියෙන වග. එතකොට එපමණ පිරිසක් දේවදත්තට පක්ෂ වෙන්නත් කරුණු දෙකක් මුල්වුණා. ඒ තමයි අධර්ම ශ්‍රවණය සහ අයෝනිසෝ මනසිකාරය කියන කරුණු දෙක. යම් ධර්මයක් ශ්‍රවණය කරලා යෝනිසෝ මනසිකාරය ඇති කරගන්නා තුරුම කෙනෙක් නොමග යනවා. යෝනිසෝ මනසිකාරය ඇතිකරගෙන සම්මා දිට්ඨියට පත්වුණොත් එයා නොමග යන්නේ නැහැ.

දේවදත්තට ඕනවුණේ නායකයෙක් වෙන්න. එයා කල්පනා කළා 'බුදුරජාණන් වහන්සේගෙන් පිරිසක් කඩාගන්න.' සීලය කියන්නේ බාහිරින් මැනලා සොයා ගන්න පුළුවන් දෙයක් නොවෙයි. බොහෝවිට මනුෂ්‍යයෙක් ජීවත්වෙන පිළිවෙල බලලයි මිනිස්සු ඒ කෙනාට කැමති වෙන්නේ. දේවදත්ත කල්පනා කළා 'මේ ලෝකයේ මිනිස්සු කැමති දුෂ්කර ප්‍රතිපදාවට.' ඉතින් මෙයා දුෂ්කර ප්‍රතිපදාව තෝරාගත්තා. බැලූ බැල්මට ඉතාම නිවැරදි වගේ පෙනෙන ප්‍රතිපත්ති පහක් මෙයා තෝරාගත්තා. ඒ කියන්නේ.

- දිවි ඇති තෙක් පිණ්ඩපාතයෙන් ජීවත් වෙනවා.
- ජීවිතාන්තය දක්වාම ගහක් යට ඉන්නවා.
- ජීවිතාන්තය දක්වාම නිර්මාංශව ඉන්නවා.
- ජීවිතාන්තය දක්වාම තුන් සිවුරෙන් ඉන්නවා.
- ජීවිතාන්තය දක්වාම පංශුකූල වස්ත්‍ර වලින් මසන සිවුරු පරිහරණය කරනවා.

අසත්පුරුෂකමක මහත...

මේවා බොහෝම ලෙහෙසියෙන් කෙනෙකුව පහදවන්න පුළුවන් කාරණා. දේවදත්ත දන්නවා "බුදුරජාණන් වහන්සේ මේකට එකඟවෙන්නේ නැහැ" කියලා. මේ පහ හදාගෙන ගිහින් "භික්ෂූන් වහන්සේලාට මේක අනුමත කරන්න. මේක තමයි භික්ෂූන්ට සුදුසු" කියලා බුදුරජාණන් වහන්සේගෙන් ඉල්ලා සිටියා. බුදුරජාණන් වහන්සේ මහා කාරුණිකයි. උන්වහන්සේ ඒවා ප්‍රතික්ෂේප කළා. එහෙම නීති පණවන්න බැරිබවත්, කැමති අයට පමණක් ඒවා කළ හැකි බවත්, අන් අයට නොකළ හැකි බවත් උන්වහන්සේ පවසා සිටියා. දේවදත්ත සංඝයා මැදට ගිහින් "මෙන්න බලන්න ශ්‍රමණ ගෞතමයන් වහන්සේ කොච්චර සැපයට බරවෙලාද? මේ කාරණා පහට එයා එකඟ නැහැ. මේ බලන්න මෙයා කොච්චරකට මේ සැපයට රැවටිලාද? පේනවාද කාමසුඛල්ලිකානුයෝගයට වැටිලා තියෙන ආකාරය. මම තමයි මධ්‍යම ප්‍රතිපදාවේ යන්නේ" කියලා මේ කරුණු පහ ඉදිරිපත් කළා.

සම්මා දිට්ඨියට ආපු කෙනාව රවට්ටන්න බෑ...

මේක අහලා අලුතින් පැවිදි වී සිටි ස්වාමීන් වහන්සේලා පන්සියයක් දේවදත්තට රැවටුණා. රැවටිලා

දේවදත්තත් එක්ක ගියා. මේකෙන් ඉතාම පැහැදිලව පේනවා මේ ලෝකය රවටන්න කොතරම් පහසුද කියලා. බලන්න බුදුරජාණන් වහන්සේ ළඟට ගිහින් නිවන් අවබෝධය පිණිස පැවිදිවෙච්ච පන්සියයක් "දේවදත්ත හරි. බුදුරජාණන් වහන්සේ වැරදියි" කියලා හිතුවනේ. එනිසා පැහැදිලිව පේනවා සම්මා දිට්ඨිය ඇතිවෙන කල්ම ඕනෑම කෙනෙකුට තවත් කෙනෙකුව මුලාවේ දමන්න පුළුවන් බව.

දේවදත්ත මේ පිරිස අරගෙන ගයාවට ගියා. බුදුරජාණන් වහන්සේ සාරිපුත්ත මොග්ගල්ලාන ස්වාමීන් වහන්සේලාට අඬගහලා කිව්වා "ගිහින් මේ පිරිස බේරාගෙන එන්න" කියලා. ඉතින් උන්වහන්සේලා ඒ ස්වාමීන් වහන්සේලාව වැටෙන්ට ගිය අමාරුවෙන් බේරාගත්තා. එතකොට අර ස්වාමීන් වහන්සේලා විපතට පත්වුණේ කරුණු දෙකක් නිසයි. ඒ තමයි අධර්මය ශ්‍රවණය සහ අයෝනිසෝ මනසිකාරය. මේ සිද්ධිය දෙස බැලූ විට අපට තේරෙනවා "සම්මා දිට්ඨිය ඇතිකර ගැනීම අපි හිතන ජාතියේ ලේසි එකක් නොවෙයි" කියලා. කෙනෙකුට හිතෙන්න පුළුවන් 'සම්මා දිට්ඨිය ඇතිකර ගන්න එක හරි ලේසි වැඩක්' කියලා.

සම්මා දිට්ඨියෙන් තොර කිසි දෙයක් එලක් නෑ...

දිනක් මට ස්වාමීන් වහන්සේ නමක් කිව්වා "තායිලන්තයේ අසුභ භාවනා වඩන්න වෙනම ස්ථානයක් වෙන්කරලා තියෙනවා" කියලා. එතැන අසුභ නිමිත්ත ගැනීම සඳහා මළමිනී කුණුවෙන්න හැරලා තියෙනවා. මෙතැන උපදෙස් දෙන්න වයසට ගිය ස්වාමීන් වහන්සේ

නමකුත් පත්කරලා ඉඳලා තියෙනවා. නමුත් මේ ස්වාමීන් වහන්සේ පසුකාලයකදී සිවුරු හැරලා විවාහයක් පවා කරගෙන තියෙනවා. එතකොට අපට පේනවා සම්මා දිට්ඨියෙන් තොරව කොතරම් අසුභ භාවනාව වැඩුවත් වැඩක් නැහැ. සම්මා දිට්ඨිය නැතුව මළ මිනියක් ළඟ උදේ ඉඳන් හවස් වෙනකම් හිටියත් ඵලක් නැහැ. මළමිනී ළඟ හිටි පමණින්ම මනස දියුණු වෙනවා නම් මිනී කපන උදවිය සියලු දෙනාටම සම්මා දිට්ඨිය ඇතිවෙන්න ඕනේ. නමුත් එහෙම වෙන්නේ නැහැ. සම්මා දිට්ඨිය ඇතිවෙන්න නම් සද්ධර්මය අහන්න ඕනේ. ඊළඟට ඒ සද්ධර්මය අනුසාරයෙන්ම හිතන්න ඕනේ.

කරුණු පහකින් අනුග්‍රහ ලබන සම්මා දිට්ඨිය...

ඊළඟට කොට්ඨිත මහරහතන් වහන්සේ ඇසුවා "ප්‍රිය ආයුෂ්මතුනි, අංග කීයකින් අනුග්‍රහ ලබන සම්මා දිට්ඨියද, චිත්ත විමුක්ති ඵලය ඇති කරගන්නේ, චිත්ත විමුක්ති ඵලය ආනිසංස කරගන්නේ, ප්‍රඥා විමුක්ති ඵලය ඇතිකර ගන්නේ, ප්‍රඥා විමුක්ති ඵලය ආනිසංස කරගන්නේ?" කියලා.

සම්මා දිට්ඨිය ඇතිවුණේ යෝනිසෝ මනසිකාරයෙන් සද්ධර්මය ඇසූ නිසානේ. මේ තමයි සම්මා දිට්ඨියට මුල්වෙන කාරණා දෙක. මේ විදිහට ඇති වුණ සම්මා දිට්ඨිය චිත්ත විමුක්ති ඵල හා ප්‍රඥා විමුක්ති ඵල ඇති කරගැනීම දක්වා වර්ධනය වෙන්නේ කවර අංග වලින් ලැබෙන අනුග්‍රහයෙන්ද? කියලා තමයි කොට්ඨිත රහතන් වහන්සේ ඇසුවේ. චේතෝ විමුක්ති ඵලය කියන්නේ සමථයෙන් සිත දියුණු කිරීම. ප්‍රඥා විමුක්තිය

කියන්නේ විදර්ශනාවෙන් මාර්ගඵල අවබෝධය දක්වා සිත දියුණු කිරීම.

සම්මා දිට්ඨියේ අරමුණු...

සාරිපුත්ත මහරහතන් වහන්සේ දේශනා කළා "ප්‍රිය ආයුෂ්මතුනි, මෙහිලා සම්මා දිට්ඨිය සීලයෙන් අනුග්‍රහ ලබන්න ඕනේ. ධර්ම ඥානයෙන් අනුග්‍රහ ලබන්න ඕනේ. සාකච්ඡාවෙන් අනුග්‍රහ ලබන්න ඕනේ. සමථයෙන් අනුග්‍රහ ලබන්න ඕනේ. විදර්ශනාවෙන් අනුග්‍රහ ලබන්න ඕනේ" කියලා. ඒ කියන්නේ සම්මා දිට්ඨිය සීලයෙන් අනුග්‍රහ ලබන්න ඕනේ. දුස්සීල වෙලා සම්මා දිට්ඨියෙන් ප්‍රයෝජනයක් ගන්න බැහැ. නැවත නැවත අහලා දහම් දැනීමක් ඇතිකර ගන්න ඕනේ. ඇතිකරගත් ධර්ම දැනුම නිතර නිතර සාකච්ඡා කිරීමෙන් වැඩිදියුණු කරගන්න ඕනේ. සිත පංච නීවරණයන් ගෙන් මුදවාගෙන සංසිඳුවාලීමෙන් අනුග්‍රහ ලබන්න ඕනේ. නොයෙක් ආකාරයට නුවණින් විමස විමසා බලමින් විදර්ශනා කිරීමෙන් අනුග්‍රහ ලබන්න ඕනේ. මෙන්න මේ කරුණු පහෙන් තමයි සම්මා දිට්ඨිය පෝෂණය වෙන්නේ."

සම්මා දිට්ඨිය ඇතිකරගත් කෙනෙක් නිරන්තරයෙන්ම සීලය, ධර්ම ශ්‍රවණය, ධර්ම සාකච්ඡාව, සමථය, විදර්ශනාව කියන මේ පහ පුරුදු කරනවා නම් එහි ආනිසංශය ලෙස සමථයත් විදර්ශනාවත් කියන දෙක වැඩෙනවා. ඒ කියන්නේ චේතෝ විමුක්ති ඵලය වන සමථයත්, ප්‍රඥා විමුක්ති ඵලය වන විදර්ශනාවත් කියන දෙක වැඩෙනවා. සමථය වැඩීම නිසා සිත දියුණු වෙනවා. විදර්ශනාව වැඩීම නිසා ප්‍රඥාව දියුණු වෙනවා. ප්‍රඥාව දියුණුවෙන කොට සසර දුකින් මිදීම පිණිස සිත

සකස් වෙලා සංසාරයෙන් මිදෙනවා. මෙය තමයි සම්මා දිට්ඨියේ අරමුණු. සම්මා දිට්ඨියේ අරමුණු වන නිවන සාක්ෂාත් කර ගැනිමට තමයි සීලය, ශ්‍රැතය, සාකච්ඡාව, සමථය, විදර්ශනාව යන කරුණු පහෙන් අනුග්‍රහ ලබාගත යුත්තේ.

ධර්ම සාකච්ඡාවක සිතේ පිරිසිදුභාවය පිණිසයි...

මේ කාරණා නිවැරදිව දන්නේ නැති නිසා තමයි ධර්ම සාකච්ඡා නාමයෙන් නොයෙකුත් විකාර දේ කරන්නේ. සමහර ධර්ම සාකච්ඡා තියෙනවා "ධර්මය සාකච්ඡා කරන්න එකතුවෙලා ඉන්න පිරිසවත් ධර්මය මොකක්ද?" කියලා දන්නේ නැහැ. එතකොට සාකච්ඡා කියලා විහිළු කිය කියා ඉඳලා නිකරුණේ කාලය ගතකරන එක විතරයි වෙන්නේ. එයට හේතුව තමයි ධර්ම සාකච්ඡා කියන්නේ මොකක්ද කියලාවත් දන්නේ නැතිකම. ධර්ම සාකච්ඡා කියලා කියන්නේ මහත් වූ භක්තියකින්, මහත් වූ ගෞරවාදරයකින් අහලා, දරාගෙන, සාකච්ඡා කරමින් වඩ වඩාත් තම චිත්ත සන්තානය පිරිසිදුකර ගැනීමට කරන දෙයක් මිසක්, පුද්ගලික මත සාකච්ඡා කිරීම පිණිස හෝ පුද්ගලික අදහස් සාකච්ඡා කිරීම පිණිස හෝ පුද්ගලික වාද විවාද ඇතිකර ගැනීම පිණිස හෝ සාම්ප්‍රදායික අදහස් උපුටා දැක්වීම පිණිස හෝ කරන දෙයක් නොවෙයි. ධර්ම සාකච්ඡා කළ යුත්තේ "ජීවිතය අවබෝධ කරගන්නේ කොහොමද?" කියන කාරණය මුල් කරගෙනයි.

භවය තුන් ආකාරයි...

ඊළඟට කොට්ඨිත මහරහතන් වහන්සේ ඇහුවා

"ප්‍රිය ආයුෂ්මතුනි, භව කීයක් තියෙනවාද?" කියලා. එහිදී සාරිපුත්ත මහරහතන් වහන්සේ භව තුනක් ගැන සඳහන් කළා.

- කාම භවය
- රූප භවය
- අරූප භවය

උපතක් සඳහා කර්ම විපාක සකස්වීම තමයි භවය කියලා කියන්නේ. බොහෝ දෙනෙක් භවය කියන එකේ අර්ථය දන්නේ නැහැ. භවය ගැන නිවැරදිව දන්නේ නැති නිසා තමයි 'අන්තරාභවය' කියලා කතාවක් ඇතිවෙලා තියෙන්නේ. කාම භවය කියන්නේ කාම ලෝකයේ උපතක් පිණිස කර්ම විපාක සකස්වීම. රූප භවය කියන්නේ රූප ලෝකයේ උපතක් පිණිස කර්ම විපාක සකස්වීම. අරූප භවය කියන්නේ අරූප ලෝකයේ උපතක් පිණිස කර්ම විපාක සකස්වීම. එහෙමනම් භව තුනයි තියෙන්නේ. ඒ අතරතුර අන්තරා භවයක් නැහැ. එහෙම එකක් තියෙනවා නම් එයත් අයිති වෙන්නේ මේ භව තුනෙන් එකකටමයි. නමුත් එහෙම එකක් නැහැ.

පුනර්භවය ඇතිවෙන ආකාරය...

ඊට පස්සේ ඇසුවා "ප්‍රිය ආයුෂ්මතුනි, අනාගතයේ ආයේමත් භවයක් හැදිලා උපදින්නේ කොහොමද?" කියලා. පිළිතුරු දෙනවා "ප්‍රිය ආයුෂ්මතුනි, අවිද්‍යාවෙන් වැසීගිය, තණ්හාවෙන් බැඳීගිය මේ සත්වයන් ඒ ඒ දෙය සතුටින් පිළිගන්නවා (**තත්‍රතත්‍රාභිනන්දිනි**). අන්න ඒ විදිහටයි පුනර්භවයක් ඇතිවෙන්නේ (**ආයතිං පුනබ්භවාභිනිබ්බත්ති හෝති**). එහෙනම් අවිද්‍යාවෙන් ඇත්ත තත්වය වසන් කරපු නිසා ආශාවෙන් අල්ලා

ගන්නවා. හිතේ ඇල්ම ඇතිවෙනවා. ඒ නිසාම නැවත භවයක් ඇතිවෙලා ඉපදීම සිද්ධ වෙනවා.

පුනර්භවයක් සකස් වෙන්නේ අවිද්‍යා සහගත තණ්හාවෙන් බැඳුන සිතක් තියෙන කෙනා තුළයි. එහෙම නොවන කෙනෙක් තුළ පුනර්භවයක් සකස් වෙන්නේ නැහැ. එහෙමනම් අපට තේරෙනවා යළි යළි උපතක් සඳහා උපකාර වෙන්නේ අවිද්‍යාව හා තණ්හාව කියන දෙකයි කියලා.

ඉපදීම එපා නම් අවිද්‍යාවත් තණ්හාවත් දුරුකරන්න..

ඊළඟට කොට්ඨිත ස්වාමීන් වහන්සේ ඇහුවා "ප්‍රිය ආයුෂ්මතුනි, යළි උපතක් පිණිස පුනර්භවයක් සකස් වෙන්නේ නැත්තේ කොහොමද?" කියලා. පිළිතුර වුණේ "ප්‍රිය ආයුෂ්මතුනි, අවිද්‍යාව දුරු වීමෙන් (**අවිජ්ජා විරාගා**) විද්‍යාව උපදවා ගැනීමෙන් (**විජ්ජුප්පාදා**) තණ්හාව නිරුද්ධ වීමෙන් (**තණ්හා නිරෝධා**) යළි උපතක් පිණිස භවය සකස් කිරීම නොවේ (**ඒවං ආයතිං පුනබ්භවාභිනිබ්බත්ති න හෝති**)" කියලයි. උපතක් අනවශ්‍ය නම් කරන්න ඕනේ අවිද්‍යාවත් තණ්හාවක් දුරුකරන එකයි. අවිද්‍යාවත් තණ්හාවත් තියෙන තාක්කල් උපදිනවා.

ප්‍රථම ධ්‍යානයට සමවදින හැටි...

ඊට පස්සේ ඇසුවා "ප්‍රිය ආයුෂ්මතුනි, ප්‍රථම ධ්‍යානය කියන්නේ මොකක්ද?" කියලා. පිළිතුර වුණේ "(**ඉධාවුසෝ භික්ඛු විවිච්චේව කාමේහි විවිච්ච අකුසලේහි ධම්මේහි සවිතක්කං සවිචාරං විවේකජං පීතිසුඛං පඨමං ඣානං උපසම්පජ්ජ විහරති. ඉධං වුච්චතාවුසෝ**

පඨමං ඣානන්ති.) ප්‍රිය ආයුෂ්මතුනි, මෙහිලා භික්ෂුව කාමයන්ගෙන් වෙන්ව, අකුසලයන්ගෙන් වෙන්ව, විතර්ක සහිත වූ, විචාර සහිත වූ, විවේකයෙන් හටගත් ප්‍රීති සුඛය ඇති පළමුවෙනි ධ්‍යානය උපදවාගෙන වාසය කරනවා. ප්‍රිය ආයුෂ්මතුනි, මෙය තමයි ප්‍රථම ධ්‍යානය කියලා කියන්නේ.”

කාමයන්ගෙන් වෙන්ව කියලා කියන්නේ රූප, ශබ්ද ගන්ධ, රස, ස්පර්ශ කියන මේ කාම අරමුණු පහට හිත යන්න නොදී රැකගෙන ඉන්නවා කියන එකයි. එතකොට ඒ කෙනා වාසය කරන්නේ කාමයන්ගෙන් වෙන්වෙලයි. ඊළඟට අකුසල ධර්මයන්ගෙන් වෙන්වෙලා කියන්නේ, රාගය ද්වේෂය මෝහය නිසා ඇතිවෙන කාම විතර්ක, ව්‍යාපාද විතර්ක, විහිංසා විතර්ක ආදී අකුසල විතර්ක හිතට එන්න නොදී ආනාපානසති හෝ අසුභ හෝ මෛත්‍රී හෝ අනෙක් කවර හෝ භාවනා අරමුණුක සිත රඳවාගෙන සිටිනවා කියන එකයි. මානසික විතර්ක සිතට එන්න නොදී වළක්වා ගෙන තමන්ට වුවමනා කරන අරමුණේ හිත පිහිටුවා ගන්නවා. ඒකට තමයි සමාධිය කියන්නේ. ඒ විදිහට කාමයන්ගෙන් සිත මුදවාගෙන, අකුසල් වලින් සිත මුදවාගෙන සිටින විට සිතට ලොකු විවේකයක් ඇතිවෙනවා. ඒ විවේකය නිසා ප්‍රීතියක් ඇතිවෙනවා. ඒ ආකාරයට ඇති වූ විවේකයෙන් හටගත් ප්‍රීතියත් සැපයත් තියෙන සමාධි මට්ටමට තමයි ප්‍රථම ධ්‍යානය කියලා කියන්නේ.

ප්‍රථම ධ්‍යානයේ අංග...

ඊළඟට ප්‍රශ්නය තමයි “ප්‍රථම ධ්‍යානයේ අංග කීයක් තියෙනවද?” පිළිතුර තමයි “ප්‍රථම ධ්‍යානයේ ඉන්න කෙනාට විතක්ක විචාර දෙක තියෙනවා. විතක්ක

විචාර කියලා කියන්නේ ආනාපානසති භාවනාව කරනවා නම් දිගටම ආනාපානසති අරමුණු සිහිකරගෙන ඉන්න පුළුවන්. අසුභය නම් අසුභයම සිහිකරගෙන ඉන්න පුළුවන්වීම. ඒ ආකාරයට භාවනා අරමුණුම සිහිකර කර ඉන්න පුළුවන්වීම තමයි විතක්ක විචාර කියලා කියන්නේ. එතකොට විතක්ක විචාර දෙක තියෙනවා. ප්‍රීතිය තියෙනවා. සැපය තියෙනවා. චිත්ත ඒකාග්‍රතාවය තියෙනවා. ඔය පහ තමයි ප්‍රථම ධ්‍යානයේ අංග."

ඊළඟට ඇසුවා "ප්‍රථම ධ්‍යානයේ නැත්තේ මොනවා ද?" කියලා. සාරිපුත්ත ස්වාමීන් වහන්සේ පිළිතුරු දුන්නා "කාමච්ඡන්දය (කාමයන් කෙරෙහි හිත දිවීම) ව්‍යාපාදය (තරහ) ථීනමිද්ධය (නිදිමත කායික මානසික අලස බව) උද්දච්චකුක්කුච්ච (සිත විසිරීම හා පසුතැවීම) විචිකිච්ඡා (සැකය) කියන නීවරණ ධර්ම පහ ප්‍රථම ධ්‍යානය තුළ නැත" කියලා.

ඉන්ද්‍රියන් පහට රැකවරණය මනසයි...

ඊළඟට කොට්ඨිත මහරහතන් වහන්සේ ඇසුවා "ප්‍රිය ආයුෂ්මතුනි, විවිධ අරමුණු ඇති විවිධ ගොදුරු ඇති මේ ඉන්ද්‍රියයන් පහක් (ඇස, කණ, නාසය, දිව හා කය) තියෙනවා. මේ ඉන්ද්‍රියයන් පහ ඔවුනොවුන්ගේ අරමුණු ගැනීම කලවම් කරගන්නේ නැහැ. ප්‍රිය ආයුෂ්මතුනි, නොයෙක් අරමුණු ඇති නොයෙක් ගොදුරු ඇති, එකිනෙකට අදාළ අරමුණු කලවම් නොවෙන මේ ඉන්ද්‍රියයන්ට ඇති පිළිසරණ මොකක්ද, ඔය ඉන්ද්‍රිය පහට ලැබෙන ඒ අරමුණු අත්දකින්නේ කවුද?" කියලා.

අපි දන්නවා මේ ඉන්ද්‍රිය පහෙන් රූප විෂය වෙන්නේ ඇසට. කණට ශබ්දය. දිවට රසය. නාසයට

විෂය වෙන්නේ ගඳ සුවඳයි. කයට විෂය වෙන්නේ පහස. ඒ ඒ ඉන්ද්‍රියට අයිතිවෙන වෙනම විෂයන් තියෙනවා. අපට කණෙන් රූප බලන්න බැහැනේ. කණින් කරන්නේ අහන එක. ඇහෙන් පුළුවන් දකින්ට විතරයි. දිවෙන් පුළුවන් රස දැනගන්න විතරයි. කයෙන් පුළුවන් පහස දැනගන්න විතරයි. ඒ ඒ ඉන්ද්‍රියන්ට අදාළවයි ඒ ඒ අරමුණු තියෙන්නේ.

පිළිතුර වුණේ, "මේ ඉන්ද්‍රියන් පහට ඇති පිළිසරණ මනසයි" කියලයි. "ඔය ඉන්ද්‍රිය පහට ලැබෙන ඒ අරමුණු අත්දකින්නේ මනසයි" කියලයි. එනම් මනසින් බැහැර වෙලා ඇහෙන් රූපයක් දකින්න බැහැ. ඇසින් රූපයක් දකින්න හිත මුල්වෙනවා. කණින් ශබ්දය අහන්න හිත මුල්වෙනවා, නාසයෙන් ගඳ සුවඳ දැනගන්න හිත මුල්වෙනවා. දිවෙන් රසය දැනගන්න හිත මුල්වෙනවා. කයට පහස දැනගන්න හිත මුල්වෙනවා. හිත මුල්කරගෙන තමයි මේ අත්දැකීම් ලබන්නේ.

ඉන්ද්‍රියන් පවතින්නේ ආයුෂ නිසයි...

ඊළඟට ඇහුවා "ඇස, කණ, නාසය, දිව, ශරීරය කියන මේ ඉන්ද්‍රියයන් පවතින්නේ කුමක් උපකාර කර ගෙනද?" කියලා. ඒ කියන්නේ "ඇස, කණ, නාසය, දිව, ශරීරය කියන ඉන්ද්‍රියයන් ඇති මේ ජීවිතය පවතින්නේ කොහොමද?" කියලා. පිළිතුර වුණේ "ඉන්ද්‍රියයන් පවතින්නේ ආයුෂ නිසා" කියලයි.

ඊළඟට ඇසුවේ "ආයුෂ පවතින්නේ කුමක් නිසාද?" කියලයි. පිළිතුර "ආයුෂ පවතින්නේ උණුසුම නිසා." ඊළඟට ආයෙමත් ඇහුවා "උණුසුම පවතින්නේ කුමක් නිසාද?" කියලා. පිළිතුර වුණේ "උණුසුම පවතින්නේ

ආයුෂ නිසා" කියලයි. එතකොට ආයුෂයි, උණුසුමයි කියන දෙක අන්‍යෝන්‍ය උපකාරයෙන් තමයි මේ ඉන්ද්‍රිය පවත්වන්න උපකාර වෙන්නේ.

තේරුම් ගැනීමේ පහසුවට...

ඊට පස්සේ කොට්ඨිත ස්වාමීන් වහන්සේ සාරිපුත්ත ස්වාමීන් වහන්සේගෙන් අහනවා "මේ දේ තේරුම් ගන්නේ කොහොමද?" කියලා. උන්වහන්සේ උපමාවකින් ලස්සනට මේ කාරණය පහදලා දුන්නා. ඒ තමයි "තෙල් පහනක් දැල්වෙනවා කියලා හිතන්න. ඒකේ පහන් දැල්ල නිසා එළිය පේනවා. එළිය නිසා දැල්ල පේනවා. ඒ විදිහටම ආයුෂය නිසා උණුසුම පවතිනවා, උණුසුම නිසා ආයුෂය පවතිනවා" කියලා.

ඊළඟට ඇසුවේ "ආයුෂත් විඳින දේවලුත් දෙකම එකයිද, එහෙම නැත්නම් ආයුෂ වෙන එකක්ද විඳින දේවල් වෙන එකක්ද?" කියලයි. ඒ කියන්නේ "ආයුෂ කියන්නේ සැප, දුක්, උපේක්ෂා වශයෙන් විඳින දෙයක්ද නැත්නම් වෙනම දෙයක්ද?" කියලයි.

පිළිතුර වුණේ "ආයුෂ කියන්නේ විඳීමක් ඇතිකරන එකක් නොවෙයි" කියලයි. එහිදී උන්වහන්සේ තව දුරටත් ප්‍රකාශ කළා "මේ ආයුෂත්, විඳීමත් එකක් වුණා නම්, සඤ්ඤා, විඳීම් නිරුද්ධ වුණ නිරෝධ සමාපත්තියට සමවදින භික්ෂුවගේ නැගිටීමක් නම් සිද්ධ වෙන්නේ නැහැ" කියලා.

ආයුෂත් වේදනාවත් දෙකක්...

නිරෝධ සමාපත්තියට සමවදිනවා කියන්නේ සඤ්ඤා, වේදනා දෙක නිරුද්ධ වෙනවා කියන එකයි.

ආයුෂයත්, වේදනාවත් කියන්නේ එකක් නම්, සඤ්ඤා වේදනා දෙක නිරුද්ධ කරලා යම්කිසි කෙනෙක් නිරෝධ සමාපත්තියට සමවැදුණොත් ඒ කෙනා මැරෙනවා. ආයේ නැගීසිටීමක් වෙන්නේ නැහැ. ආයුෂත් වේදනාවත් දෙකක් නිසා තමයි නිරෝධ සමාපත්තියට සමවැදුණු කෙනෙක් ඒ සමාපත්තියෙන් නැගී සිටින්නේ.

ඊට පස්සේ ඇහුවා "යම්කිසි දවසක මේ කයෙන් කරුණු කීයක් නැතිවුණොත්ද ශරීරයේ බිමට වැටුණු දර කඩක් වගේ, උඩුකුරුව සයනය කරන මෘත ශරීරයක් බවට පත්වෙන්නේ?" කියලා. පිළිතුරු දෙනවා "යම් කාලෙක මේ ශරීරයෙන් කරුණු තුනක් ඉවත් වුණොත් මේක මළ සිරුරක් බවට පත්වෙනවා" කියලා. ඒ තමයි ආයුෂයත්, උණුසුමත්, සිතත් (ආයු උස්මා ච විඤ්ඤාණං) යන කරුණු තුන. මේ කරුණු තුන ඉවත්වුණ ගමන් ජීවිතයේ සියලුම නැටීම් ටික ඉවරයි.

නිරෝධ සමාපත්තිය හා මළකඳ අතර වෙනස...

ඊළඟට කොට්ඨිත ස්වාමීන් වහන්සේ ඇහුවා "ප්‍රිය ආයුෂ්මතුනි, මළකඳක් තියෙනවා. සඤ්ඤාවේදයිත නිරෝධ සමාපත්තියට සමවැදුණු භික්ෂුවකුත් ඉන්නවා. මේ මළකඳෙයි භික්ෂුවගෙයි තියෙන වෙනස මොකක්ද?" කියලා.

සාරිපුත්ත ස්වාමීන් වහන්සේ පිළිතුරු දෙනවා "මළකඳේ ආශ්වාස ප්‍රාශ්වාස දෙක නිරුද්ධයි. විතක්ක විචාර දෙක නිරුද්ධයි. සඤ්ඤා වේදනා දෙක නිරුද්ධයි. ආයුෂ අවසානයි. උණුසුම නැහැ. උණුසුම නිවිල ගිහිල්ලා. විඤ්ඤාණය නැහැ. මරණයට පත්වෙච්ච කෙනාගේ

ඇස, කණ, නාසය, දිව, ශරීරය කියන මේ ඉන්ද්‍රියයන් පහ බිඳිලා. ඒවාට පණ නැහැ. නිරෝධ සමාපත්තියට සමවැදුන භික්ෂුවගේත් ආශ්වාස ප්‍රාශ්වාස නිරුද්ධයි. විතක්ක විචාර නිරුද්ධයි. සඤ්ඤා වේදනා නිරුද්ධයි. නමුත් ආයුෂ පිරිහිලා නැහැ. උණුසුම තියෙනවා. ඉන්ද්‍රියයන් ප්‍රසන්නයි. මේ තමයි මළකඳකයි නිරෝධ සමාපත්තියට සමවැදුන භික්ෂුවකගෙයි වෙනස" කියලා.

ඊළඟට ඇහුවා "දුක් සැප රහිත චිත්ත විමුක්තියට සමවදින්න කරුණු කීයක් උපකාර වෙනවාද?" කියලා. දුක් සැප රහිත චිත්ත විමුක්තිය කියන්නේ උපේක්ෂා සමාධිය එහෙමත් නැත්නම් සතරවන ධ්‍යානය. "**(සුඛස්ස ච පහානා)** සැපත් නැතිකරලා දානවා **(දුක්ඛස්ස ච පහානා)** දුකත් නැති කරලා දානවා. **(පුබ්බේව සෝමනස්ස දෝමනස්සානං අත්ථංගමා)** කලින්ම සොම්නස් දොම්නස් දෙක අත්හැරලා දානවා **(අදුක්ඛං අසුඛං උපෙක්ඛා සතිපාරිසුද්ධි)** දුක් සැප රහිත පිරිසිදු සිහියත් උපේක්ෂාවත් තියෙනවා. මේ කරුණු හතර තමයි දුක් සැප රහිත චිත්ත විමුක්තියට සමවදින්න උපකාර කරන්නේ.

අනිමිත්ත සමාධිය...

ඊළඟට ඇහුවේ "අනිමිත්ත චේතෝ විමුක්තියට සමවදින්නේ කොහොමද?" කියලයි. "සියලු නිමිති මෙනෙහි කරන්නේ නැතුව සිටීමත්, නිමිති රහිත ධාතුව මෙනෙහි කිරීමත් මගින් අනිමිත්ත චේතෝ විමුක්තිය ඇතිවෙනවා" කියලා පිළිතුර දුන්නා. අනිමිත්ත සමාධිය කියන්නේ එක්තරා සමාධි තත්වයක්. මෙය ලෞකික හා ලෝකෝත්තර වශයෙන් කොටස් දෙකක් තියෙනවා. ලෞකික මට්ටමේදී නිමිත්ත හිතන්නේ නැතුව, අනිමිත්ත

ධාතුව මෙනෙහි කිරීමෙන් හිත දියුණු කරලා මේ සමාධිය ඇතිකර ගන්න පුළුවනි. ලෝකෝත්තර මට්ටමේදීත් නිමිත්තක් ගන්නේ නැතුව, අනිමිත්ත ධාතුව මෙනෙහි කිරීමෙන් අරහත් ඵල සමාධියක් ඇතිකර ගන්න පුළුවනි. එය අනිමිත්ත චේතෝ විමුක්තියයි.

ඊළඟට ඇසුවේ "අනිමිත්ත චේතෝ විමුක්තිය පවත්වන්න කරුණු කීයක් උපකාර වෙනවාද?" කියලයි. කරුණු තුනක් උපකාර වන බව පෙන්වා දුන්නා. ඒ තමයි, සියලු නිමිති සිහි නොකර ඉන්න ඕනේ. අනිමිත්ත ධාතුව පමණක් සිහිකරන්න ඕනේ. කලින්ම සමවැදී සිටින කාලය අධිෂ්ඨාන කරගන්න ඕනේ.

ඊළඟට ඇසුවේ "අනිමිත්ත චේතෝ විමුක්තියෙන් නැගිටින්නේ කොහොමද?" කියලයි. "නිමිති සිහි කිරීමෙන් හා අනිමිත්ත ධාතුව සිහි නොකිරීමෙන් අනිමිත්ත චේතෝ විමුක්තියෙන් නැගිටින්න පුළුවන්" කියලා පිළිතුරු දුන්නා.

ඉහළ සමාධි මට්ටම්...

ඊළඟට "අප්‍රමාණ චේතෝ විමුක්තිය කියන්නේ මොකක්ද, සුඤ්ඤතා චේතෝ විමුක්තිය කියන්නේ මොකක්ද, ආකිඤ්චඤ්ඤායතන චේතෝ විමුක්තිය කියන්නේ මොකක්ද?" කියලා ඇහුවා.

"ප්‍රමාණ රහිතව සිතේ විමුක්තියක් ඇතිවීම තමයි අප්‍රමාණ චේතෝ විමුක්තිය කියන්නේ. ප්‍රමාණ රහිතව උතුරු, නැගෙනහිර, දකුණු, බටහිර දිසාවන්ට හා ඒ ඒ අනුදිසාවන්ටත් උඩටත් යට දිශාවටත් කියන මේ දිශාවන්හි සියලු සත්වයන් කෙරෙහි මෛත්‍රිය, මුදිතාව, කරුණාව, උපේක්ෂාව කියන මේ සතර බ්‍රහ්ම විහරණයන්ගෙන් යුතුව වාසය කිරීම අප්පමාණ චේතෝ විමුක්තියයි. භික්ෂුවක්

සියලු ආකාරයෙන් විඤ්ඤාණඤ්චායතනය ඉක්මවා 'කිසිවක් නැහැ' කියලා ආකිඤ්චඤ්ඤායතන සමාධිය ඇතිකරගෙන ඉන්නවා. එය තමයි ආකිඤ්චඤ්ඤායතන චේතෝ විමුක්තිය කියන්නේ. භික්ෂුවක් 'මෙම ජීවිතය ආත්මය කියන දෙයිනුත් හිස් එකක්. ආත්මයට අයිතියි කියන දේවලිනුත් හිස් එකක්' කියලා නිදහස්ව, හුදෙකලාව, නුවණින් විමසමින් ඇතිකර ගන්නා චිත්ත සමාධිය තමයි සුඤ්ඤත චේතෝ විමුක්තිය කියන්නේ."

ඊළඟට ඇසුවා "මේ කරුණු ටික ඔය ක්‍රමයට වඩා වෙනස් ක්‍රමයකට විස්තර කරන්න පුළුවන්ද?" කියලා.

අරුත්බර ධර්ම සාකච්ඡාවක අවසානය...

ඉතින් සාරිපුත්ත මහරහතන් වහන්සේ පෙන්වා දෙනවා "රාගය කියන්නේ ප්‍රමාණයක් ඇතිකරන එකක්. ඒ කියන්නේ ජීවිතය සසර දුකට සීමාකරන දෙයක්. ද්වේෂය කියන්නේ ප්‍රමාණයක් ඇතිකරන එකක්. ඒ කියන්නේ ජීවිතය සසර දුකට සීමාකරන දෙයක්. මෝහය ප්‍රමාණයක් ඇතිකරන එකක්. ඒ කියන්නේ ජීවිතය සසර දුකට සීමා කරන දෙයක්. ඒ වගේ ප්‍රමාණ සහිත වූ රාගයෙන් ද්වේෂයෙන් මෝහයෙන් සිත මිදුණු විට ප්‍රමාණ රහිතයි. ඒ ආකාරයට රාග නිමිත්තක් ද්වේෂ නිමිත්තක් මෝහ නිමිත්තක් නොමැති රාග ද්වේෂ මෝහ ප්‍රහීණ කළ රහතන් වහන්සේගේ සමාධියටත් අනිමිත්ත සමාධිය කියලා කියන්න පුළුවන්. මේ අරහත්ඵල විමුක්තිය තමයි සියල්ලෙන් අග්‍ර වෙන්නේ'. ප්‍රමාණ සහිත වූ රාග ද්වේෂ මෝහ දුරුකළ රහතන් වහන්සේගේ අරහත්ඵල විමුක්තියට අප්‍රමාණ චේතෝ විමුක්තිය කියලා කියන්නත් පුළුවන්. රාගයෙන් හිස් වූ, ද්වේෂයෙන් හිස් වූ, මෝහයෙන් හිස්

වූ රහතන් වහන්සේගේ අරහත්ඵල විමුක්තියට සුඤ්ඤත වේතෝ විමුක්තිය කියලා කියන්නත් පුළුවන්."

සාරිපුත්ත මහරහතන් වහන්සේ මේ විදිහට කිව්වාට පස්සේ කොට්ඨීත මහරහතන් වහන්සේ බොහෝම සතුටු සිතින් මේ දේශනය අනුමෝදන් වුණා. මේ රහතන් වහන්සේලා දෙනමගේ ධර්ම සාකච්ඡාව මෙතැනින් අවසන් වුණා. බලන්න මේ රහතුන්ගේ ධර්ම සාකච්ඡාවන් කොතරම් අරුත්බරද කියලා. කොතරම් ආශ්චර්යයවත්ද කියලා.

ඔබටත් මේ ගෞතම බුද්ධ ශාසනය තුළදීම උතුම් චතුරාර්ය සත්‍ය ධර්මය අවබෝධ කරගෙන නිකෙලෙස් සන්තානයක් ඇතිකරගැනීමට වාසනාව උදාවේවා!

සාදු! සාදු!! සාදු!!!

❀ ❀ ❀

මහාමේඝ ප්‍රකාශන

www.ingramcontent.com/pod-product-compliance
Lightning Source LLC
Chambersburg PA
CBHW070522030426
42337CB00016B/2072
* 9 7 8 9 5 5 0 6 1 4 6 7 7 *